中国工程科技论坛

轻工重点行业环境友好型技术

Qinggong Zhongdian Hangye Huanjing Youhaoxing Jishu

高等教育出版社·北京

内容提要

近年来，资源短缺、能源紧张、环境压力大等世界性难题，成为制约传统行业发展的瓶颈，特别是对轻工领域传统行业影响尤甚。轻工领域工程技术总体发展趋势将会把“节约资源、实现循环发展”、“提高能源利用率、实现低碳发展”、“实施清洁生产、实现污染物有效控制及开发未来新产品”等战略课题，作为需研发和应用的工程技术的重点发展方向。在未来的10～20年间，致力于环境友好型技术的研发与推广，实现轻工业与资源、环境协调发展。

本书是中国工程院“中国工程科技论坛”丛书之一，是中国工程院2014年“轻工重点行业与资源环境协调发展”科技论坛的专家报告汇总。书中主要介绍了造纸、皮革、食品、发酵、生物、轻化工程等领域十多位行业著名专家学者最新的研发进展和成果。从事轻工领域相关行业科研工作的高校师生、研究院所研究工作者、企业技术人员都可以从中得到有益的学术启发和指导。

图书在版编目(CIP)数据

轻工重点行业环境友好型技术 / 中国工程院编著.
-- 北京:高等教育出版社，2015.11
(中国工程科技论坛)
ISBN 978-7-04-044110-9

Ⅰ.①轻… Ⅱ.①中… Ⅲ.①轻工业经济-节能-研究-中国 Ⅳ.①F426.8

中国版本图书馆CIP数据核字(2015)第248585号

总 策 划 **樊代明**

策划编辑 王国祥 黄慧靖　　责任编辑 朱丽虹
封面设计 顾 斌　　责任印制 韩 刚

出版发行	高等教育出版社	网　址	http://www.hep.edu.cn
社　址	北京市西城区德外大街4号		http://www.hep.com.cn
邮政编码	100120	网上订购	http://www.landraco.com
印　刷	北京汇林印务有限公司		http://www.landraco.com.cn
开　本	787mm×1092mm 1/16		
印　张	8.75	版　次	2015年11月第1版
字　数	160千字	印　次	2015年11月第1次印刷
购书热线	010-58581118	定　价	60.00元
咨询电话	400-810-0598		

物 料 号 44110-00

目　录

第一部分　综述

第二部分　主题报告及报告人简介

目　录

第一部分　总论

第一部分

综　　述

综　　述

一、概况

2014 年 8 月 22－23 日，第 184 场中国工程科技论坛“轻工科技发展论坛——轻工重点行业与资源环境协调发展”在广西南宁举行。本次论坛由中国工程院、广西壮族自治区人民政府联合主办，中国工程院环境与轻纺工程学部、中国工程院科技合作委员会轻工科技发展促进会、中国轻工业联合会科技发展研究分会、广西大学、北京工商大学共同承办。

论坛由陈克复院士担任大会主席，出席会议的嘉宾有：广西壮族自治区人民政府副主席黄日波教授，中国工程院副院长徐德龙院士，中国工程院主席团成员、大会主席陈克复院士，中国工程院孙宝国院士、石碧院士、谢剑平院士、朱蓓薇院士，广西壮族自治区人民政府副秘书长陈幸良先生，广西大学校长赵艳林教授，广西壮族自治区科学技术厅副巡视员宋文学先生，中国工程院王元晶副巡视员，江南大学校长陈坚教授，华南理工大学副校长邱学青教授，齐鲁工业大学校长陈嘉川教授，陕西科技大学副校长马建中教授。

中国工程院副院长徐德龙院士做了重要讲话，广西壮族自治区人民政府副主席黄日波先生、广西大学校长赵艳林教授相继致了欢迎辞。来自四川大学、华南理工大学、北京林业大学、大连工业大学、江南大学、广西大学、南京林业大学、齐鲁工业大学、陕西科技大学、广东省微生物研究所、湖南省农业科学院、杭州市化工研究院 14 名专家分别做了报告。来自华南理工大学、四川大学、江南大学、北京工商大学、大连工业大学、天津科技大学、齐鲁工业大学、北京林业大学、南京林业大学、陕西科技大学、太原理工大学、广西大学、长沙理工大学等单位 220 余名代表参加了本次论坛。

在论坛开幕式上，大会主席陈克复院士致开幕辞，阐明了会议主旨所在，他指出：自 2008 年以来，轻工行业已连续举办了 6 次中国工程科技论坛，此次是第七次聚会。每次聚会都是学术思想的碰撞，是学术成果的展示，一批批在轻工各行业做出卓越贡献的专家、学者在这个平台上和大家交流、分享他们多年的学术成果和学术思想。年轻人是国家科技进步和发展的关键，我们的论坛有一大批来自高校、研究院所、企业的中青年教师和博士、硕士生、科研人员来参加，希望年轻人能够在短暂的会期认真聆听这些学术专家的报告，从中获得学术灵感，使专家们的学术思想、奋斗经历成为年轻人学术成长的引领,这是我们举办年度学术交流的主要宗旨。此次会议的主题是“轻工重点行业与资源环境协调发展”,为什么设这个主题呢?资源与环境的约束已成为我们轻工行业发展的瓶颈,如何在发展行业与资源环境优化这两个重心中找到一个绿色化发展之路,是近年来我们轻工科技工作者应致力攻克的难关,每一项节约资源的清洁生产技术,都将会给行业带来微小的进步,一项项的技术将会给行业带来提升,也将逐步酝酿出一个行业的绿色化转变,因此希望我们的专家、学者以及学生们,不要因为技术的微小而不为,我们要从小处着手,一步步地推进轻工行业的绿色化发展之路。

中国工程院副院长徐德龙院士做了重要讲话,他强调指出,我国自改革开放以来,经过 36 年的高速发展,国民经济发生了翻天覆地的变化,各个行业蓬勃发展,行业技术的突飞猛进既成为推动行业发展的巨大动力,同时也在日益加大的科研投入推动下,取得了一大批具有国际领先水平的科研成果,这些具有自主知识产权的成果的成功应用与推广,使我国近 10 年来逐步走出了只能依靠技术引进而发展的怪圈,以这些技术为支撑的企业,也逐步成长为具有国际先进水平的大型企业,成为我国各行各业的支撑力量。轻工产业,是我国最早参与国际竞争并在各个领域具有国际影响力的产业,是我国最主要的出口创汇产业,出口量占我国出口总量的四分之一以上,轻工产业为国民经济的发展做出了重要贡献。进入 21 世纪以来,我国各行业呈现出产能过剩、环境负荷严重的问题,快速增长的积累,环境问题成为阻碍我国发展的最大瓶颈,“工业绿色化发展”、“资源与环境协调发展”、“节能减排”等正成为各行各业科研工作的主战场,现实的迫切需求,正在推动着行业技术的又一次变革。中国工程院作为我国工程技术界的国家最高荣誉性、咨询性学术机构,发挥着国家工程科技思想库的作用,为加快转变经济发展方式勇挑重担、建功立业是中国工程院肩负的历史使命。中国工程科技论坛,是中国工程院为我国工程技术领域中青年科技工作者展示其最新科技成果搭建的技术交流平台,目的是为了广泛征集全国各领域专家、学者的意见和建议,进一步丰富和完善研究成果,为各级政府提供真知灼见,用科学咨询支撑科学决策,用科学决策推动科学发展。自 2008 年第 76 场工程科技论坛以来,以陈克复院士为主席在轻工领域连续举办了 7 场论坛,历年来论坛紧扣“节能减排”、“资源高值化利用”、“资源与环境协调发展”等行业发展的重大主题,培养和发现了一批在轻工各领域做出重大贡献的青年科技工作者,近年来有 5 位相继成为中国工程院院士。中国工程科技论坛的举行对轻工科技的发展起到积极的推动作用。

二、大会报告情况

四川大学石碧院士做了题为《对制革用铬的客观认识及控制铬排放技术探讨》的报告，关于应用铬鞣革的潜在风险，报告对其影响、风险和科学研究的结果提出了一种公平的看法。提出，非常重要的一点是我们不轻视甚至不掩饰风险和危险。但是，如果这种风险是易处理的，那么我们应该保证人们被正确且准确地告知此事，以免他们产生不必要的恐慌。我们应该聚焦于采取一定的措施来进一步减少理论上的风险。

大连工业大学朱蓓薇教授做了题为《我国海洋生物资源利用现状及发展趋势的探讨》的报告，报告指出：我国人均水产品占有量已由1949年的0.8 kg提高到了2013年的45.4 kg，是世界人均水平的2.4倍，极大地缓解了仅用世界7%的耕地养活占世界22%人口的粮食安全问题。我国虽然是海洋大国，但不是海洋强国，我国海洋水产品起步较晚，基础研究相对薄弱，技术与装备的开发速度较为缓慢，产业化应用水平不高，技术标准不健全。为了更好地发展我国海洋水产品加工业，应在海产品保鲜保活技术的开发、海洋传统食品加工技术提升、海洋现代食品加工技术的研究与开发、加工副产物综合利用关键技术的研究、海洋功能食品与生物制品、新资源食品的研究与开发、海洋食品加工装备的研究与开发、海产品质量安全控制等方面加大科研力度，努力缩小我国与国际先进水平的差距，通过10~30年的研究，使我国海洋生物资源开发利用技术水平得到大幅度提升，努力做到在2020年我国进入海洋生物利用强国初级阶段，2030年建设成为中等海洋生物利用强国，2050年成为世界海洋生物利用强国。

江南大学校长陈坚教授做了题为《发酵工程：科技问题与创新任务》的报告，报告指出：发酵工程是生物加工和生物制造的核心技术。21世纪，发酵工业不仅是新的经济增长点，也被认为是解决人类面临的人口、环境、能源、食品安全等主要问题的关键出路。报告首先总结了我国发酵工业现状以及近年来所取得的成就，对我国发酵工程技术领域微生物细胞工厂构建与优化、发酵过程控制与优化以及发酵工业装备的进展进行了论述；然后对我国发酵工业发展中的主要科技问题以及相应的创新任务进行了分析；最后，对我国未来发酵工程领域关键发展方向进行了展望。

广东省微生物研究所所长吴清平研究员做了题为《食源性诺如病毒的风险识别及其分子进化机制探索》的报告，报告主要内容：诺如病毒是引起流行性与散发性急性胃肠炎的重要食源性致病微生物之一，近20年来已导致至少6次全球大规模流行，对公共卫生安全造成极大的威胁。然而，体外复制体系及动物感染模型的缺乏增加了诺如病毒研究的困难，目前还没有有效的抗病毒药物以及医疗手段。病毒序列信息的积累已经逐渐成为认识病毒的重要基础,因此,本研究以诺如病毒序列信息为基础,分别针对病毒检测技术开发、病毒污染水平调查、病毒衣壳蛋白功能鉴定及病毒进化分析等内容展开了一系列研究。荧光定量 RT - PCR,NASBA 技术和阳离子絮凝,免疫磁珠富集等检测及样本前处理方法检测灵敏、回收率高,可以较好地实现对水体及贝类中病毒的快速检测;以人工污染牡蛎为研究对象,借助免疫组化分析,首次证明除胃肠及消化盲囊外,腮组织也是有效的病毒监测靶点;通过杆状病毒表达系统分别制备 VP1 组装的病毒样颗粒 VLP 以及 VP1 与 VP2 共同组装的 VLPs,并通过比较在不同 pH 及臭氧处理条件下的二级结构变化,显示 VP2 蛋白具有明显的稳定病毒颗粒结构的作用;对 GII 型诺如病毒基因组进行比对分析,结果表明 p22,P2 及 VP2 区为变异热点区域,同时对 GII. 4 型诺如病毒基因组深入分析显示,VP1 与 VP2 可能存在共进化现象;针对 GII. 4 型诺如病毒衣壳蛋白进行多重比对及同源建模分析,结果显示病毒衣壳上共分布有 6 个预测表位,其不断变化而持续产生新的变异株,是诺如病毒进化研究的热点区域。

齐鲁工业大学校长陈嘉川教授做了题为《生物技术在造纸工业中的应用》的报告,报告介绍了生物技术在造纸工业的应用领域,涉及制浆、造纸、废纸纤维回用等方面的 8 项技术(树脂障碍控制、淀粉改性、生物漂白、改善网部脱水、酶法脱墨、酶法打浆和增强、纸板酶法增强、阴离子垃圾控制),特别介绍了他们课题组最新的研究成果,包括酶促磨浆、酶促消潜、生物帚化和湿部生物调控。上述技术大部分已在生产中应用。

华南理工大学副校长邱学青教授做了题为《木质素两亲聚合物在木质纤维素酶解中的应用》的报告,报告主要内容:木质纤维素中的纤维素和半纤维素通过酶解转变成可发酵的糖分是生物炼制的重要环节,但目前仍存在酶解效率偏低的技术瓶颈。揭示了木质纤维素底物中木质素结构对纤维素酶解效率的影响机制;以木质素磺酸盐为添加剂提高不同底物的酶解效率,并从屏蔽底物中木质素对酶的无效吸附以及强化纯纤维素的酶解两个角度阐述了其机理,然后以酶解木质素残渣为原料合成木质素非离子表面活性剂用于强化酶解;最后将木质素两亲聚合物用于强化木质纤维素高固浆体的酶解。

陕西科技大学副校长马建中教授做了题为《功能型改性聚丙烯酸酯织物用助剂的制备及性能研究》的报告,报告主要内容:聚丙烯酸酯类材料在纺织行业广泛使用,常用于印花和后整理等工序。为提高聚丙烯酸酯类材料性能,通常要对其进行功能化的改性,常见的改性方法有多组分杂化改性技术、交联改性、无机纳米材料改性等。笔者所在课题组长期从事聚丙烯酸酯类复合材料在纺织领域的研究,就聚丙烯酸酯类材料的功能性改性机理及应用效果进行了研究和分析。

湖南省农业科学院副院长单杨研究员做了题为《柑橘工业国际标准体系研究》报告。主要内容有:柑橘工业国际标准体系的现状,我国柑橘工业标准现状及对比分析,对我国柑橘工业标准体系的四点建议,构建科学的柑橘工业标准体系,加快柑橘工业标准制(修)订,加强国际标准跟踪与研究,强化企业在标准制(修)订中的作用。

华南理工大学赵谋明教授做了题为《食品发酵与代谢调控关键技术及应用》的报告,报告主要内容:蛋白质在不同条件下可以聚集成不同的形态,主要包括纤维聚集、缕状聚集和球形颗粒聚集。其中,球形颗粒聚集,根据颗粒的粒径大小,也被称作蛋白质微颗粒或纳米颗粒。蛋白质纳米颗粒具有许多独特的性质,可以调节乳液和凝胶结构,作为活性物质运载体,控制活性物质释放等。因此,蛋白质纳米颗粒在食品领域具有广阔的应用前景。

大连工业大学金凤燮教授做了题为《生物转化制备淫羊藿素等高活性黄酮类关键技术及应用》的报告,报告主要内容:黄酮类是多半植物和中草药的一类重要的活性成分,是中药、食品和化妆品极其重要的成分。但天然黄酮活性低、难吸收,酶转化法可制备高活性成分;但黄酮类种类极其繁多,现有微生物和酶无法解决。为此,筛选了多种产黄酮苷酶新微生物,建立极端发酵产酶方法;解决了"用酶转化法制备高活性淫羊藿素,制备高活性的异槲皮素和槲皮素、黄芩素和大豆异黄酮"的关键技术以及其设备系统;产品用于保健食品、功能化妆品和中草药开发。

广西大学特聘教授、加拿大新布朗斯维克大学教授李可成先生做了题为《木质纤维素生物质精炼制取生物燃料、生物化合物和生物材料》的报告,报告主要内容:木质纤维素生物质和农业废弃物是地球上最丰富的可再生材料。近年来,为了利用木质纤维素材料生产附加值更高的产品,世界各国做了大量的研究,如燃料、化学品和纳米纤维素。可再生材料的使用不仅有利于环境保护,减少碳足迹,也创造了更可持续的新经济。在制浆造纸和木质纤维素生物炼制工艺中,从全过程成本和最终产品质量来看,把植物资源处理成纤维状或木材化学成分是最重要的一个步骤。报告论述了木质纤维素生物处理的基础和应用方面的研究,特别是对应用化学法、生物法和机械法来分离木材纤维的方法进行了讨论,内容还包括:几种先进的表面和纳米级的分析技术,纤维形态变化对制浆工艺和酶解纤维素水解过程的影响,对纤维质量和生物量的消化率变化的影响的评价尺度等。研究结果表明,对木质纤维素材料的了解与认识是研发创新的基础,木质纤维素生物处理技术是具有成本效益的工业适用技术,也是商业适用技术,并已与世界领先的工业合作伙伴共同合作开发。

北京林业大学孙润仓教授做了题为《木质纤维生物质结构表征及产业化展望》的报告,主要内容:生物质资源是可再生、可循环、可降解的天然资源。它主要由纤维素、木质素和半纤维素等组成,纸浆造纸主要利用纤维素,而制浆过程中解离的半纤维素和木质素由于降解严重和结构破坏,长期以来并未得到合理的利用。在天然资源受到重视的今天,结合生物质精炼的概念,对木质素和半纤维素进行分离,结构解译和高值化利用研究很有必要。报告围绕木质素和半纤维素研究基础,系统地展望了木质素和半纤维素目前的研究现状和今后的研究方向,这些展望将为木质素及半纤维素产业化利用提供有益的启示。

杭州市化工研究院院长姚献平教授做了题为《我国造纸化学品重点研究方向与课题》的报告,报告主要内容:我国造纸工业正向纸机大型化、高速化,抄造中性化,白水封闭循环等方向发展,但是面临着严重的资源、环境、技术等瓶颈制约。造纸化学品是破解造纸行业这些瓶颈制约的关键技术产品。报告结合当前我国造纸工业的发展需求,以及造纸化学品工业国内外发展现状、存在的突出问题,提出了今后我国造纸化学品的重点研究方向和一些课题。

南京林业大学张辉教授代表陈克复院士做了题为《造纸工业绿色发展工程科技战略研究》的报告,报告对造纸工业绿色发展、循环发展和低碳发展的由来、基本概念、相互间关系和主要内容进行了介绍;对造纸工业绿色发展的基本现状、制约因素与面临的挑战做了探讨;进一步就我国造纸工业绿色发展趋势、目标与基本对策进行战略性讨论;同时,对推进我国造纸工业绿色发展的工程科技体系进行了概括性的罗列;最后,提出了相关性的政策建议。

在论坛交流过程中,会场气氛热烈、学术氛围浓郁,达到了相互学习、相互促进、共同提高的目的。本次论坛是一次有吸引力、高水平、非常成功的学术研讨会。

8 月 23 日上午,12 位与会的造纸行业专家和 24 家广西企业共 70 余位代表参加了由广西壮族自治区科技厅组织的“院士与企业技术需求对接会”,对接会开始,陈克复院士首先做了题为《我国造纸业的现状及发展趋势》报告,随后企业代表纷纷将企业所面临的问题向专家寻求良策,专家们对企业提出的问题,做了耐心的分析,并给出自己的解决方案。在 3 个多小时的对接会上,大家畅所欲言,气氛热烈活跃。集体对接只是对接的开始,企业与专家会后继续进行深入探讨,并进行了技术洽谈。

作为工程科技论坛的延伸,专家与地方企业的洽谈会以为地方企业服务为宗旨,多年来,一直作为轻工领域论坛的另一个主要内容,为企业与专家搭建起一个交流与合作的平台。

第二部分

主题报告及报告人简介

造纸工业绿色发展工程科技战略研究

陈克复[1]，张　辉[2]，周景辉[3]，侯庆喜[4]，田晓俊[1]

1 华南理工大学，广东广州；2 南京林业大学，江苏南京；

3 大连工业大学，辽宁大连；4 天津科技大学，天津

摘　要：对造纸工业绿色发展、循环发展和低碳发展的由来、基本概念、相互间关系和主要内容进行了介绍；对造纸工业绿色发展的基本现状、制约因素与面临的挑战做了探讨；进一步就我国造纸工业绿色发展趋势、目标与基本对策进行战略性讨论；同时，对推进我国造纸工业绿色发展的工程科技体系进行了概括性的罗列；最后，提出了相关性的政策建议。

关键词：造纸工业；绿色发展；制约因素；发展目标；工程科技；政策建议

The Strategic Research on Technologies to Push forward the Development of Green Paper Industry in China

Kefu Chen[1], Hui Zhang[2], Jinghui Zhou[3], Qingxi Hou[4], Xiaojun Tian[1]

1 South China University of Technology, Guangzhou;

2 Nanjing Forestry University, Nanjing;

3 Dalian Polytechnic University, Dalian;

4 Tianjin University of Science & Technology, Tianjin

Abstract: In this paper, the origins and fundamental concepts about Green Development, Recycle Development and Low-carbon Development in paper industry as well as the relationships among the three and the contents of the three are introduced. And then, the current situation of green development in China's paper industry, and the restraining factors and challenges being encountered to push forward the development of the paper industry are discussed; furthermore, the tendency, goals and countermeasures of the green development in China's paper industry are explored. Meanwhile, the technological systems needed to push forward the green development are briefly mentioned. Finally, some policy proposals related to the green development are put forward.

Key words: paper industry; green development; restraining factor; developmental goal; engineering technology; policy proposal

一、必须推进造纸工业绿色循环低碳发展

（一）造纸工业绿色循环低碳发展的由来

1. 绿色发展

绿色发展源于环境保护领域，是培育新的经济增长点、保护生态环境活动的总和，是资源承载能力和环境容量约束下的可持续发展。

广义的绿色发展包括存量经济的绿色化改造和发展与传统造纸业相关的具有上下外延性、新的增长领域的绿色经济两方面，跨出了传统造纸工业的空间布局、生产方式、产业结构和消费模式；狭义的绿色发展包括绿色生产制造过程、产品绿色化、节能减排、清洁生产、企业绿色化。总的来说是发展绿色经济。

当前造纸工业绿色发展首先应从狭义的绿色发展做起，实现造纸业的转型升级，同时高度重视通过产业结构调整为抓手，推进广义的绿色发展。要以发展为主题，在保护中发展，在发展中保护，以实现经济效益、社会效益和环境效益有机统一。

2. 循环发展

实施循环经济，推进资源节约型、环境友好型社会，应该以 3R 为原则，即 Reduce（减量化）、Reuse（再利用）、Recycle（再循环）。但“3R”只是原则，不是实现循环经济过程中的全部要素。循环经济必须注意到物质循环链、能量循环链的构建，应以合理的时间、空间配置为前提，而且实施循环经济是有循环成本的、有资金流动增值内涵的，所以实施循环经济还应该在一定条件下将物质、能量、时间、空间、资金等“5 要素”有效地整合在一起。合理安排构成相关的产业链群，并改变资源的无序利用、过量生产、过度消费和无序废弃的生产/消费模式，

形成“资源—产品—废弃物—资源再生”的再生循环发展模式，并实现经济效益、社会效益和环境效益协同发展的经济模式。

3. 低碳发展

低碳发展是来自气候变化领域的命题，本质是能源与发展战略调整。在2003年英国《我国能源的未来：创建低碳经济》白皮书中，低碳经济定义为以更少的资源消耗和污染物排放，获得尽可能多的效益，创造更好的生活质量，为先进技术研发、应用和输出创造机会，也创造商业机会和就业机会；核心是能源技术创新、碳汇技术的发展，制度创新以降低单位GDP的碳强度，以免温室气体浓度升高影响人类的生存和发展（如气候变化异常、出现灾害天气）。

低碳经济是碳生产力达到一定水平的经济形态。低碳发展的着眼点是未来几十年的国际竞争力和低碳技术市场。要通过技术跨越式发展和制度约束来推动低碳增长，并具体体现在能源效率提高、能源结构优化以及消费行为的理性化。

4. 绿色发展、循环发展和低碳发展之间的关系

2002年，我国引入循环经济理念，接着是低碳经济，最后才是绿色经济。“十八大”报告首次将绿色发展、循环发展、低碳发展并列提出。循环经济和低碳经济都是工业化国家在解决了常规性环境问题以后，分别针对以垃圾管理为重点的环境问题和以应对气候变化为特征的全球环境而提出的。各国推进绿色发展的经验给我们的启示是，随着世界经济转型，增长要素发展变化，传统竞争力已不再是主流，绿色成为竞争力的重要标志。

绿色发展、循环发展和低碳发展相辅相成，相互促进，构成一个有机整体。三者均要求节约资源，提高资源利用效率；均要求保护环境，充分考虑生态系统承载能力，减轻污染对人类健康的影响。发展绿色经济可以起到二氧化碳减排的作用；发展循环经济不仅能提高资源生产率，也是环境保护的重要措施；推进低碳经济的发展，也能减少污染物排放。

绿色经济是以环境保护与资源的可持续利用为核心的经济发展模式，是包含低碳经济、循环经济等模式在内的，集资源高效利用、低污染排放、低碳排放以及社会公平发展等核心理念为一体的经济活动，是最具活力和发展前景的包容性经济发展方式。

总之，发展是主题，绿色化是发展的新要求和转型主线，循环是提高资源效率的途径，低碳是能源战略调整。三者目标一致，都是改善民生，建设生态文明，基本形成节约能源资源和保护生态环境的产业结构、增长方式和消费模式。从内涵看，绿色发展更为宽泛，涵盖循环发展和低碳发展的核心内容；循环发展、低碳发展则是绿色发展的重要路径和形式。因此，可以用绿色发展来统一表述。

5. 造纸工业绿色化的主要内容

造纸工业绿色化与节约减排、清洁生产、末端治理、循环经济、低碳经济、工业生态链和绿色制造都有不同程度的联系。造纸工业绿色化的主要内容包括：

——面向原料/能源的策略性选择，相关能源消耗及各类废弃排放的优化；

——面向生产制造过程技术的解析—集成—重构—优化策略，资源、能源的利用效率的优化；

——面向产品的使用、废弃、回收的全寿命分析策略；

——面向物质/能量充分（循环）利用的工业生态链的构筑策略等。

（二）我国造纸工业绿色发展基本现状、制约因素与挑战

1. 我国造纸工业基本现状

造纸术是中国古代的四大发明之一。我国造纸工业自我国改革开放、特别近 20 年来快速持续稳步发展，行业的工艺技术与装备水平快速提升，产品质量和品种档次不断提高，企业数量不断减少，集约化规模化迅速扩大，造纸区域布局更加合理，环境保护成效显著，已成为我国国民经济重要支柱产业之一。

（1）生产持续稳定增长，总生产量成为世界第一大国

自 2009 年起，我国造纸工业的总生产量（8640 万 t）已经超过美国而成为世界第一大国。据有关部门统计，2013 年我国规模以上纸及纸板生产企业 2934 家，纸及纸板生产量 10 110 万 t（约占世界总产量的 25%），消费量 9782 万 t，人均年消费量为 72 kg（13.61 亿人）。2004—2013 年间，纸及纸板生产量年均增长 8.27%，消费量年均增长 6.74%。2013 年，我国造纸工业主营业务收入 7575 亿元，同比增长 5.91%；产成品存货 298 亿元，同比增长 5.91%；利税总额 617 亿元，同比增长 8.97%，其中利润总额 374 亿元。

（2）林纸一体化取得成效，原料结构有所改善

充分利用国内外两种资源，推进林纸一体化工程建设，加强国内废纸回收利用和关停落后草浆生产线。2001—2013 年的 14 年间，木浆、废纸浆和非木浆用量分别占当年总用浆量比由 23%∶44%∶33% 调整为 26%∶65%∶9%，有力地改善了原料结构。

（3）引进、消化、再创新与自主创新相结合，提高了技术装备水平

产学研结合或引进、消化、再创新，取得了一批具有自主知识产权的高新技术与装备。“十一五”以来，新增年产 10 万 t 及以上各类中高档纸机和纸板机 140 余台，新增产能 3400 万 t。

（4）产品结构有所优化，满足国内外市场需求

使纸及纸板产品结构更加适应消费需求，由数量型向质量型转变，由少品种

向多品种转变，增加了高档纸及纸板的供给能力，特别是新闻纸、涂布印刷纸、白卡纸、生活用纸等满足了国内市场需求，个别品种产品质量已达到世界先进水平。

（5）产业布局趋于合理，总体格局基本形成

随着造纸原料政策和区域政策的调整，布局趋于合理。东、中、西部分布格局相对稳定，2013 年东部地区产量占全国总产量比例保持在 76.9% 以上；中部地区占 16.9% 左右；西部地区在 6.2%。

（6）企业重组力度加大，产业集中度提高

2013 年，纸及纸板年产量超过 100 万 t 的造纸企业 15 家，产量增至 4138 万 t，占全国总产量的比重由“十一五”初的 14% 提升至 40.95%；行业前 30 位的企业产量占全国的比重由“十一五”初的 33% 提升至 51.31%。

（7）污染防治成效显著，能源单耗大幅降低

“十一五”以来，关停了制浆造纸企业 2000 多家，淘汰落后产能 1000 余万 t。2012 年，造纸废水中主要污染物化学需氧量（COD）排放 62.3 万 t，比 2011 年的 74.2 万 t 减少 11.9 万 t，万元产值 COD 排放强度由 11 kg 降至 9 kg，比 2011 年降低 18.2%。

“十一五”期间，吨纸浆平均综合能耗（标准煤）由 0.55 tce 降至 0.45 tce；吨纸及纸板平均综合能耗（标准煤）由 0.83 tce 降至 0.68 tce；吨纸浆、纸及纸板平均取水量由 103 m^3 降至 85 m^3；吨纸及纸板平均消耗原生纸浆由 427 kg 降至 340 kg。已建成了一些先进产能，其质量、消耗定额、污染物排放负荷达到国际先进水平。

2. 我国造纸工业的资源消耗情况

（1）我国造纸工业原料消耗情况

2013 年全国纸浆消耗总量 9147 万 t。木浆 2378 万 t，占纸浆消耗总量 26%，其中进口木浆占 16%、国产木浆占 10%；废纸浆 5940 万 t，占纸浆消耗总量 65%，其中进口废纸浆占 26%、国产废纸浆占 39%；非木浆 829 万 t，占纸浆消耗总量 9%，其中稻麦草浆占 4.4%、竹浆占 1.5%、苇（荻）浆占 1.4%、蔗渣浆占 1.1%。考虑到本色和漂白浆种，换算成造纸原料消耗，原木消耗约为 8662 万 m^3，其中进口木浆原木消耗约 5330 万 m^3、国产木浆原木消耗约 3332 万 m^3；废纸用量约 6988 万 t；非木材原料中稻麦草约消耗 1066 万 t，竹子消耗约 266 万 t，苇（荻）消耗约 281 万 t，蔗渣消耗约 289 万 t。

（2）我国造纸工业水的消耗情况

2013 年制浆造纸及纸制品业统计企业 5235 家用水总量为 121.30 亿 t，其中新鲜水量为 40.78 亿 t，占工业总耗新鲜水量 472.12 亿 t 的 8.64%；重复用水量

为 80.51 亿 t，水重复利用率为 66.37%；万元工业产值（现价）新鲜水用量为 57.2 t。

（3）我国造纸工业能耗情况

轻工业是八个重点耗能行业之一，约占工业总耗能的 6.75%，其中造纸行业耗能约占工业总耗能的 2%，通常能源成本占制浆造纸直接生产成本的 10%～35%，是纤维原料成本之后的第二大成本。我国造纸工业能耗中，原煤、外购电力分别占造纸过程总能耗的 73% 和 23%。我国造纸工业能耗在许多项指标中都远落后于国际"最佳实践"能耗值。

3. 我国造纸工业对环境的污染情况

造纸工业对环境的污染主要包括废水、废气和固体废弃物三大方面。其中废水较为严重，其次为固体废弃物。

（1）我国造纸工业的废水排放及在工业污水排放总量中的比例

制浆造纸过程的废水中的污染物主要来源于湿法和干法备料废水、蒸煮废液、漂白废液和抄造过程的白水等。这些废水中，污染物主要包括悬浮物、易生物降解的有机物、难生物降解的有机物、毒性物质、酸碱性物质和有色物质等。2012 年造纸工业废水排放量约为 34.27 亿 t，占全国工业废水总排放量 203.36 亿 t 的 16.9%。总体上看，造纸业废水排放量大，影响面广。

（2）我国造纸工业 COD 的排放情况

2012 年造纸工业排放废水中化学需氧量（COD）为 62.3 万 t，占全国工业 COD 总排放 303.9 万 t 的 20.5%；万元工业产值（现价）化学需氧量（COD）排放强度为 9 kg；排放废水中氨氮为 2.1 万 t，占全国工业氨氮总排放量 24.2 万 t 的 8.7%。造纸工业废水处理设施年运行费用为 60.4 亿元。

（3）我国造纸工业的废气排放情况

制浆造纸生产过程几乎每个工段或多或少都会产生一些大气污染物，主要包括两类：工艺过程中物料扬尘或喷放过程产生扩散及产物的挥发性物质；蒸发或燃料过程产生的污染物。从成分来看包括：粉尘、还原性含硫气体、氧化性含硫气体、Cl_2、ClO_2、CO_2 等。2012 年造纸及纸制品业二氧化硫排放量 49.9 万 t；氮氧化物排放量 20.7 万 t；烟（粉）尘排放量 16.7 万 t。废气治理设施年运行费用 16.3 亿元。

（4）我国造纸工业的固废产生情况

制浆造纸生产过程中产生的固体废弃物主要包括：原料（一次性纤维原料或再生纤维原料）的备料剩余物，制浆和造纸过程产生的纤维性浆渣，碱回收系统的固体废弃物，动力锅炉产生的灰渣，污水处理产生的污泥等。我国造纸工业上述这些固废，目前部分已得到了有效处置和利用。

4. 我国造纸工业绿色发展的制约因素与面临挑战

造纸工业的进一步持续稳定快速发展受到很多因素制约,突出在资源、结构、规模和环境等方面,是造纸工业健康、持续发展面临的主要问题。

(1) 造纸工业用资源不足

造纸工业用资源包括原料资源、水资源和能源资源利用率低,对外依存度高。2013 年,总进口纤维原料达 42%,进口木浆占全部木浆用量的 62%,进口废纸浆占全部废纸浆用量的 40%。

(2) 企业规模小、技术装备相对落后

与国际上造纸发达国家相比,除了极少数企业规模和技术装备水平与国际接轨外,总体上单个企业的生产规模太小,大部分企业的技术装备水平比较落后,使得生产过程耗水大、污染物产生量多、废水排放浓度高,影响了企业的规模经济效益,制约了造纸工业绿色化发展。2013 年产量超 100 万 t 的 15 家先进大型企业仅占企业总数的 0.51%,但产量占总产量 40.95%。2013 年 2934 家规模以上造纸生产企业中,大中型企业数量 526 家,占比 17.93%;小型企业数量为 2408 家,占比 82.17%。在纸和纸产品主要主营业务收入中,大中型企业占 65.08%,小型企业占 34.92%;在利税总额中,大中型企业占 61.16%,小型企业占 37.84%。

(3) 行业利润急剧下降,末端废水治理任务重及处理成本高

产品结构矛盾较为突出,中低档技术产品产能过剩,而高技术高档优质产品供不应求;技术与装备问题普遍不高;大型先进制浆造纸装备几乎完全依靠进口,制约了自主产业的发展;我国造纸工业面临纸及纸板供求不平衡、产能大于市场需求;纸浆供需矛盾突出,国内供给缺口明显大于需求的供求格局。以上导致造纸工业行业利润急剧下降,形成造纸工业企业可持续发展的瓶颈。大部分造纸企业实施清洁生产水平低,末端治理的任务重。

(4) 造纸工业绿色发展的理念有待深化

长期以来,在造纸工程科技研发上,重视产品开发,忽视对能耗和减排、清洁生产等制造流程的研发和工程设计创新,节能减排技术研发需进一步加强。源头削减、清洁生产等方面科技开发投入明显低于产品、装备的开发投入,在多种污染物协同减排等领域缺乏先进有效的实用技术,技术创新、转让和应用仍存在障碍等。

造纸工业绿色发展面临体制障碍。缺乏审批项目各地方的协调机制和生态、环保源头性系统问责制;环境补偿机制尚未建立,社会监督机制有待完善。

因此,我国造纸工业发展过程的低成本优势逐渐弱化;资源环境约束日益强化,节能减排形势更加严峻,以往粗放式发展方式已不适应造纸行业实现可持续

发展的要求;我国造纸行业技术创新能力比较薄弱,已经工程化的科技成果较少,现代化的高端装备和关键部件还依靠进口,所以,亟须转变发展方式,加快产业结构调整,走绿色可持续发展之路。

(三)推进造纸工业绿色循环低碳发展的重大意义

近年来,我国造纸工业取得的成绩举世瞩目,但是真正实现全方位的绿色循环低碳协调发展,仍有很大差距,我国造纸工业的发展已到了刻不容缓向“绿色发展”的重要转型期,加快推进造纸绿色循环低碳发展,事关我国造纸业经济增长方式转型,对于提高资源效率,改善环境质量,确保造纸工业健康、持续、稳定发展具有重大意义。

二、发达国家造纸工业绿色发展现状分析

(一)国外先进国家造纸工业污染防治及清洁生产状况

1. 全球纸和纸板的生产量和消费量

全球纸和纸板的总产量和总消费量基本呈上升的趋势,2011 年达到历史最高,生产量和消费量分别为 39 888 万 t 和 39 897 万 t。除 2001 年略降之外,1999 –2007 年 9 年间,全球纸和纸板的生产量和消费量一直呈增长状态。2009 年受全球金融风波影响,生产量和消费量有所下降,2010 年才开始恢复增长。

2. 国外对造纸工业绿色发展的看法

纸浆的生产过程是造纸行业产生污染物的主要根源,而目前大部分纸浆是在北美和欧洲,特别是在北欧地区生产的。现实是北美和欧洲的环境还是优于发展中国家或地区,纸浆企业在欧洲和北美地区未受到政府部门的禁令或居民的反对。这说明,欧洲和北美的纸浆厂已走上与环境协调发展的绿色化道路;传统造纸业可以向现代造纸业转变,向绿色化发展方向转变。

欧美造纸业发达的国家认为:没有污染的产业,只有污染的技术、污染的体制和污染的观点。

3. 国内外造纸工业水污染排放标准的比较分析

我国造纸工业的五日生化需氧量(BOD_5)排放标准与欧盟的一样严格,在国际上属于严格限排的先进国家。而法国、美国、澳大利亚等先进国家还没有我国严格;我国纸浆厂 COD 排放标准在世界上属于最为严格的水平,尤其对于漂白化学纸浆厂,不管是美国 1997 年的排放标准还是现行的排放标准,美国都没有把 COD 列为重点排放限值的污染物;我国对可吸附的有机氯化物(AOX)控制排放标准为 0.6 kg/t,欧盟的纸浆厂和美国的新建纸浆厂排放控制都比较严格,对

于现有的纸浆厂 AOX 的排放标准与我国的相同,可见我国对 AOX 排放的控制水平已经进入国际先进行列;虽然我国对纸浆厂总氮、总磷的排放限值同欧盟的比较要宽松得多,但鉴于目前尚未查到很多国家对制浆厂氮、磷的排放限值,可以认为我国对制浆厂的氮、磷排放限值是进步的、严格的。

(二)国外造纸工业清洁生产、污染防治工作对我国造纸工业的启示

1. 重点防治四个污染物——BOD_5、TSS(总悬浮固形物)、AOX、COD

在 BOD_5,TSS,AOX,COD 四个污染物中,国外还把 BOD_5 及 AOX 列为重点;除了 AOX,对 AOX 的主要衍生物如三氯苯酚、五氯苯酚、TCDD(四氯二苯基-对-二噁英)、TCDF(四氯二苯基-呋喃)等有毒、有害的致癌化合物尤为重视。

2. 我国造纸工业对 COD 排放限值的确定需要再认真的研究

我国的排放标准指标中,重中之重是 COD 的排放,各省各地区又在国家标准的基础上加码,使得 COD 的排放要求更加严格,这将给我国造纸工业带来难以逾越的障碍和难以突破的瓶颈。

美国不把 COD 的排放限值放在重要位置,而认为 AOX 的超标排放对自然环境的影响、对生物的破坏、对人体健康的影响将更加重要,这一点美国的做法更科学。

3. 在发布排放标准的同时,为企业提供造纸工业最佳可行与最佳实用技术

北欧和美国在发布排放标准的同时,也公布了修订后的"最佳实用技术"(BPT)和"最佳经济可行技术"(BAT)技术体系,供企业按照这个技术体系进行验证和技改,形成一部较科学的、完整的制浆造纸行业污染物排放标准体系。对照我国排放标准的颁布,既没有发布最佳实用技术,也没有发布可行技术,需要改造的企业不清楚哪些技术是最佳实用技术或最佳经济可行技术,企业自身难以鉴别,因此,在很大程度上影响了企业绿色化发展。

4. 对污染物排放标准的执行与处罚程度的差异比较

国外对于超排放标准排放的制浆造纸企业,特别是欧洲和北美地区,对既不执行政府颁布的 BAT 和 BPT 技术体系进行改造和提升而仍然超标排放的企业,其处罚力度是非常大的,令其停产或巨额罚款。

我国对超标准排放的制浆造纸企业,其情况就非常复杂。由于标准制定之前,对国内造纸工业的实际情况缺乏科学的调研和论证。有些关键指标,如 COD,AOX 等超标排放的企业和严格执行国家标准的企业,其清洁生产成本是完全不一样的,这就使得严格执行国家标准的企业反而丧失竞争优势。

5. 制定标准的科学态度有很大差异

欧洲和北美地区在制浆造纸工业排放标准制定和颁布前,都进行科学的调

研，同时颁布实现这一标准的 BAT 和 BPT 技术体系，因此企业就能逐渐达到国家要求执行的标准。

对照我国 GB3544－2001 和 GB3544－2008 标准，8 年间重要的污染物排放限值由非常宽松到极为严格，标准制定完全缺乏科学依据，导致执行力度很差。

三、我国造纸工业绿色发展趋势、目标与基本对策

（一）造纸工业绿色发展的总体发展趋势

1. 2000 年以来我国造纸工业发展变化

2000 年是造纸工业一个高速发展的起点，2003 年后快速发展，到 2007 年、2008 年供需基本平衡，2008 年以后供需均迅速发展，但总体上是供大于需，到 2012 年供大于需接近 200 万 t；考虑到有限的出口数量，造纸行业目前除部分产品供大于需外，整体来说还不能算是产能特别过剩的产业。2013 年造纸行业纸和纸板产量 10 110 万 t，消费量 9782 万 t，较 2012 年出现微弱下跌。2013 年总产量是 2000 年总产量的 3.27 倍，消费量是 2000 年的 2.7 倍。

随着节能减排降耗技术的应用与推广，万元产值新鲜用水量和 COD 排放强度的明显下降，部分技术已经达到国际先进水平。自 2012 年以来，能耗和污染物排放强度的下降空间在不断减小，产业规模在不断扩大，进一步减少废水排放量的难度加大。因此，我国造纸行业自 2011 年以来，产量、消费量、能耗总量和排放总量处于一个相对稳定期，亦即行业拐点逐渐显现出来。

2. 我国造纸工业科技总体发展趋势

面对资源短缺、能源紧张、环境压力大等世界性难题，造纸工业科技总体发展趋势将会把节约资源、实现循环发展，提高能源利用率、实现低碳发展，实施清洁生产、实现污染物有效控制及开发未来新产品等战略课题，作为研发的重点方向。我国造纸工业绿色工程技术发展趋势为：注重新一代清洁制浆造纸技术的研发与应用；注重开发应用新型高效清洁化制浆造纸装备；注重创新与集成制浆造纸节能减排技术；注重开发造纸行业循环和低碳经济新技术；注重研发产业化的生物技术；注重研发纤维资源高效高值化利用技术。

（二）造纸工业绿色发展的战略目标

中国造纸工业“十二五”期间绿色循环低碳发展的目标为：实现吨纸及纸板平均综合能耗（吨标准煤）降低 20%；吨纸浆平均综合能耗降低 18%；吨纸浆、纸及纸板平均取水量（立方米）降低 18%；水污染物化学需氧量排放总量降低 10%～12%；氨氮排放总量降低 10%。

到2020年,我国制浆造纸企业将基本上完成绿色发展的任务;到2025年,完成从世界造纸大国向世界造纸强国的过渡。

1. 工程科技方面战略目标

加快研发成功与应用:现代清洁制浆造纸技术与装备,特别是节能、降耗、减排、高效的现代技术与装备;造纸行业循环经济和低碳经济新技术;高性能纸基功能材料,以满足现代包装、信息、建筑、电气、航空航天、军工、生物医药、食品、环保、海洋等领域所需要的高技术新材料;制浆造纸过程生物技术,使生物技术在制浆造纸过程低能耗、低污染、低排放方面发挥作用;高效利用植物纤维资源的复合型生物质精炼技术。

2. 造纸工业的行业发展目标

(1) 生产消费平稳增长。2015年,预计全国纸及纸板消费量11 470万t,比2010年年均增长4.6%;纸及纸板总产能约为13 000万t,总产量达到11 600万t,年均增长4.6%。

(2) 原料结构持续改善。2015年木浆、非木浆、废纸浆比重由2010年22.0%,15.3%,62.7%调整大约为24.3%,11.7%,65.0%。国内废纸浆比重由38.0%提高到42.0%左右,国产木浆比重由8.4%提高到10.3%左右。

(3) 产品结构不断优化。满足市场有效需求,向低定量、功能化、高品质、多品种方向调整。全面推进纸及纸板各类产品向差异化、系列化、轻量化和环保化方向发展,逐步形成功能齐全、适应不同层次、多元化市场需求的纸产品结构。

(4) 产业集中度不断提升。到2015年,年产100万t以上大型综合性制浆造纸企业集团达到20余家,其中若干企业的销售额进入全球纸业排名100强。

(5) 装备水平逐步提高。加强自主创新能力建设,建设国家级企业技术中心10家以上。提升造纸工业生产工艺技术和装备总体研发水平,制浆造纸装备自主化比重由30%提高至约50%,重点骨干造纸企业主体制浆造纸技术与装备达到国际先进水平,部分自主研发的制浆造纸装备接近国际先进水平。

(6) 资源消耗不断降低。到2015年年末,吨纸浆、纸及纸板的平均取水量由2010年的85 m^3降至约70 m^3,减少18%;吨纸浆平均综合能耗(标准煤)由2010年的0.45 t降至约0.37 t,比2010年降低18%;吨纸及纸板平均综合能耗(标准煤)由2010年的0.68 t降至约0.53 t,比2010年降低22%。

(7) 污染排放明显下降。通过管理减排、工程减排、结构减排三项措施,2015年,主要污染物化学需氧量(COD)排放总量比2010年降低10%~12%,氨氮排放总量比2010年降低10%,实现增产减排。

(8) 淘汰落后产能取得实效。“十二五”期间,全国淘汰落后造纸产能1000万t以上。

3. 到 2020 年的发展目标

“十三五”期间,我国纸和纸板的总产量和消费量会低于“十二五”的增长量,供略大于需、供需总体平衡;单位产量的能耗、水耗等资源消耗进一步降低,降幅将会超过“十二五”;污染物的排放强度将进一步降低,但下降空间越来越少,降低的速度将会减慢。

到 2020 年,我国制浆造纸企业将基本上完成绿色发展的任务,在原料结构、制浆造纸生产过程、产品的应用等方面基本上都实现绿色化。主要产能的生产过程应实现设备现代化,并以国产装备为主;对环境的影响基本消除,与环境协调发展,废水、污染物的排放量达到最低,进入一个平衡点(单位产量的污染物排放量达到环境允许值);与资源协调发展,造纸原料以废纸为主,废纸制浆达到用浆总量的 70%,国产纸和纸板回收率达到 50%;一半以上的大型制浆企业完成从单纯制浆厂到生物精炼厂的过渡。

4. 到 2025 年的发展目标

到 2025 年,完成从世界造纸大国向世界造纸强国的过渡。

(三)造纸工业绿色发展基本对策

1. 造纸工业绿色发展首先要调整和优化工业结构

近年来我国造纸工业行业取得的成绩举世瞩目,但是许多原有存在的、大量中小规模的传统造纸企业的粗放式发展,给生态环境造成的影响和痕迹较严重,仅靠现有造纸工业生产线上的工程技术的进步来实现绿色发展的力量是很有限的。即使通过技术进步使单位产品的能耗、排放强度有明显降低,如果产业结构不合理,造纸工业产能总量太大、产能过剩,同样是不可持续的。

因此,我国造纸工业绿色发展首先要调整和优化工业结构。必须形成节约资源、保护环境的产业结构,建立投入低、消耗少、产出高、效益好的“两型”工业结构,以改变传统的高投入、高消耗、高污染的生产方式。

2. 造纸工业绿色发展主要解决的问题

(1) 完善相关产业政策、相关行业标准;

(2) 在造纸工业绿色化发展进程中,要建立绿色制造的技术体系,其中绿色工程设计(包括绿色制造流程设计、绿色产品设计、绿色工业生态设计等)以及支持绿色设计的产品生命周期评估体系的基础性作用,没有得到充分的重视和投入性支持;

(3) 提高造纸生产过程的清洁生产、节能减排水平,与生态环境协调发展;

(4) 在造纸及派生产业链中,不断实现资源的高效高值化利用,提高产业链价值。

四、推进造纸工业绿色发展的工程科技

面对资源短缺、能源紧张、环境压力大等世界性难题，造纸工业工程技术总体发展趋势将会把“节约资源、实现循环发展；提高能源利用率、实现低碳发展；实施清洁生产、实现污染物有效控制及开发未来新产品”等战略课题，作为我国造纸工业绿色发展需研发和应用的工程技术的重点方向。

我国造纸工业绿色化工程技术体系应基于以下目标：要加快从资源能耗型向高效高值化利用资源的转变，加快从生产规模扩张向通过技术进步、技术创新提升整体技术水平的转变；通过完善和研发先进造纸装备技术，加强国产化能力和水平；从源头做好减量化工作，提高水的重复利用率；实施高效低成本的末端废水处理技术；实现固体废弃物的资源化利用。

（一）新一代清洁制浆造纸工程技术

针对速生材、非木材和废纸原料的纤维特征和品质缺陷，不断推进研发和应用减量化、再利用和资源化技术。主要有以下方面。

1. 高效节能的深度脱木素改良蒸煮技术

包括 ITC 等温蒸煮、低固形物蒸煮、RDH 低能耗间歇蒸煮技术以及紧凑型立式、DDD 置换蒸煮技术。

2. 废液提取及封闭筛选技术

纸浆废液提取及封闭筛选技术，可减少纤维流失，降低水耗 20% 以上。

3. 速生材高得率制浆工艺与装备技术

得率最高达 90% 以上，最大程度利用植物资源，与化学浆比较，可节省一半的植物资源。处理高得率浆，提高其优质性能，或发挥其原有特性，扩大其应用范围（新闻纸、文化用纸、高档包装纸板等）方面的相关技术；研发生产高得率浆的大产能关键设备；节能降耗的条件下处理好高得率浆废水达标排放技术。

4. 木材、非木材原料的清洁制浆和漂白技术

包括氧脱木素工艺技术、无元素氯漂白和全无氯漂白、压力过氧化氢漂白等。

5. 废纸高效再生利用和品质改善技术

包括大型成套低成本的废纸碎浆与脱墨高效浮选脱墨、脱出胶黏物的技术与装备；中性脱墨技术、水性油墨脱墨技术；胶黏物生物处理技术；提高废纸浆漂白效率的技术方法；提高废纸浆纤维强度的技术方法；废纸制浆过程中产生的固废物处理技术；提高国内废纸回收率及回收质量技术方法。

6. 纸和纸板抄造技术

包括抄纸湿部化学技术、表面施胶和涂布技术以及造纸过程清洁生产集成技术等。

（二）新型高效制浆造纸装备工程技术

新型装备制浆造纸工程技术将进一步注重向节能、降耗、减排、高效,适应纸和纸板新产品开发和提高纸浆、纸张质量方向发展。国产造纸机与世界先进造纸机在技术上有很大差距,而引进高速造纸机价格昂贵,性价比不高;造纸行业属低附加值产业,单靠引进高速造纸机很难盈利,因此迫切需要实现国产现代制浆造纸装备机的自动化及智能化,提高制浆造纸装备整体技术水平。

在制浆装备方面:主要是大产能蒸煮、黑液提取与洗涤和漂白关键装备及其成套化技术;大型废纸制浆关键装备及成套化技术;大型高得率制浆关键装备及成套化技术。

高速造纸机关键技术体系主要包括:等压布浆技术;白水稀释型水力式流浆箱技术;新月型流浆箱及成型技术夹网成形技术;靴式宽压区压榨技术;高效、节能干燥技术;控制系统的自动化、智能化;QCS(在线质量控制技术)、DCS(集散控制技术)、MCS(传动控制技术)、WIS(纸病检测技术)、WMS(断纸监测技术)、CMFDS(机械状态监测与故障诊断技术)等。

（三）创新与集成制浆造纸节能减排工程技术

以"资源开发与节约并重、把节约放在首位"为制浆造纸工程技术研发与应用的原则,把节能、节水、降耗、减排技术渗透到包括备料、蒸煮、磨浆、洗涤、筛选、漂白、碱回收、打浆、抄靠等制浆造纸过程的各个环节。蒸煮过程节能与热能回收技术、高得率制浆过程节能技术与热能回收以及洗筛漂过程节能的新工艺、新技术,非接触干燥技术,干燥部热回收技术,高效的制浆造纸化学品的开发和应用,污泥干化与资源化利用技术,白泥等固体废弃物的综合利用技术,企业能源系统智能控制技术研究与应用,高速纸机高效脱水网毯制造技术,制浆造纸过程废水处理(包括废水的深度处理技术)、废气和固废的处理技术,实现以最少资源消耗创造最大经济效益的目的。

（四）造纸行业循环、低碳经济和产业化的生物技术工程技术

造纸工业是采用可再生物质为原料规模最大的加工业,在生物质循环利用和低碳生产技术的开发利用方面,具有独特的优势。行业将进一步注重制浆造纸过程水循环利用的工艺与技术、过程废弃物资源化利用技术的开发,使制浆造

纸产业实现资源—产品—再生资源的循环利用，实现制浆造纸过程的低碳化。

研发产业化的生物技术在制浆造纸工业中的应用，对推动行业低能耗、低污染、低排放的低碳经济发展具有广阔前景。主要包括基因重组改良造纸原料、生物预处理制浆、生物化学制浆、生物高得率制浆、纸浆生物漂白、废纸的酶法脱墨与纤维酶法改性、废纸回用过程胶黏物的生物控制、废液生物处理等方面的技术研发。

（五）高性能纸基功能材料工程技术

高性能纸基功能材料是现代包装、信息、建筑、电器、航空航天、军工、生物医药、食品、环保、海洋等领域所需要的高技术新材料，其生产过程中需加入特种功能性材料如无机及有机纳米材料，生物质化工材料，有机高分子复合材料，无机合成纤维，新型高分子填料，具有热、电、光、磁及力学性能的高分子助剂等，研制生产具有多种复合功能的纸基材料，如防锈型、防变色型、防虫型、防霉型、保险型、防伪型、纳米型等高性能纸基功能材料，满足潜力市场的需求，是调整纸产品结构的方向。

主要技术体系包括：特种纤维原料先进生产技术；特种纸先进专用装备技术；特种纸特殊专用化学品技术。

（六）研发高效利用纤维资源的复合型生物质提炼技术

日益加剧的行业竞争使传统造纸工业面临巨大的压力，把传统造纸厂转化为能够同时生产纸浆和纸、高分子材料、化学品和生物质能源的复合型生物质提炼厂，达到充分合理高值化利用植物纤维原中的纤维素、半纤维素和木质素三大组分，是制浆科学研究的新发展趋势。

（1）制造高纯度纤维素的关键技术包括半纤维素的提取或溶出技术与设备，溶出率达 90% 以上；低固形物连续蒸煮技术（主要组分为纤维素和木素）；酶辅助处理的清洁漂白技术（全无氯漂白或无元素氯漂白技术）等。

（2）利用纤维素制备生物燃料技术。

（3）半纤维素高值化利用技术包括半纤维素水解可发酵生产乙醇技术；半纤维素制备氢气和烷烃技术；半纤维素改性后做热塑性、抗水性材料技术等。

（4）木质素高效、高值利用技术。黑液热解技术、气化技术与木素改性技术，实现木素的高值化利用，包括木质素经提纯改性，生产黏合剂、油田化学剂、沥青乳化剂、水泥减水剂、化学灌浆材料等技术；黑液气化得到氢气、一氧化碳、二氧化碳及其他气体混合物可用来生产清洁能源氢气和电力，或生产甲醇技术。

五、实现我国造纸工业绿色发展的若干建议

(一) 通过正面宣传,正确认识与评价我国造纸工业绿色发展的现状

(1) 要正确重新认识造纸工业绿色发展的重要性,不要用“污染”作为造纸工业的标签;

(2) 近年来所曝光的造纸污染企业是一些按国家政策必须关闭的企业,它们不能代表我国造纸工业的主体;

(3) 国内造纸工业的许多先进企业已经达到了世界造纸工业绿色发展的领先水平。建议要宣传这些企业。

(二) 科学、客观地修订我国造纸工业污染物排放标准

(1) 我国现行的造纸工业污染物排放标准中很多指标已经严于发达国家相关标准,但又缺乏相应的可行技术作支撑,达到了缺乏可操作性的程度。应按不同地区,如东西部、城乡之间,分别修订不同要求的污染物排放标准,不要全国一刀切,留给各省、各地区一个制定标准的空间。

(2) 应当向欧美发达国家学习,提倡结合排放标准发布最佳实用技术和最佳经济可行技术,让企业有技术可循。除中国造纸协会或中国轻工业联合会之外,颁布标准的政府部门更应重视这一工作。

(3) 排放标准的制定要重点关注有毒有害物质的排放,如 AOX。因为 AOX 对水环境的危害程度在造纸工业水污染物中是最高的,但在我国的标准中却是最宽松的。

(三) 加强排放标准执行情况的调查,并提高执法力度

(1) 对我国造纸行业认真执行排放标准的企业给予政策上的鼓励;

(2) 不能以罚代管,对那些既不执行排放标准又不改造的企业,应该加大执法力度;

(3) 对那些重视绿色化生产、愿意改造但确有困难的企业,政府应给予扶持。

(四) 通过正面宣传,正确认识与评价我国造纸工业绿色发展的现状

(1) 提高全民的环保意识;

(2) 尽快建立废纸的分类标准和回收系统;

(3) 政府应制订鼓励使用国产废纸的税收优惠政策。

（五）提倡产品绿色化，建立绿色化的消费观念

（1）在不影响应用性能的条件下，尽量提倡生产和消费低定量纸和纸板；

（2）提倡生产和消费低白度纸产品，特别是部分文化用纸和生活用纸；

（3）为了减少纸浆漂白成本及消除漂白产生的废水处理难度，如不影响应用功能，应提倡生产和消费本色浆，即不必经过漂白的纸浆。

（六）建立造纸企业清洁生产审核制度

（1）建立每个企业的清洁生产清单及绿色发展目标清单，设立企业相关档案；

（2）完善清洁生产的评价标准体系；

（3）鼓励企业开展清洁生产培训教育活动，提高企业自我管理能力。

（七）制定和完善我国造纸工业绿色发展的相关政策

（1）我国造纸工业为原料资源缺乏（不足）行业，国家应制定限制造纸工业产品出口的相关政策和法规；

（2）鼓励企业减排降污新技术新装备的研发，国家应给予财税上的大力支持；

（3）促进企业加快技术改造步伐，对既没有满足国家排放标准，又不进行改造的企业，制定相应的严格处罚条例；

（4）对能耗水耗大、污染物排放值又不能达到国家排放标准的企业，经审议和论证确认即使经过改造也满足不了国家相关要求的，应限期关闭或拆除生产线；

（5）鼓励企业制定绿色发展规划和目标，推广应用新技术新装备。

六、结束语

传统造纸工业是典型的水、原料和能源等资源大量消耗型行业，也是三废废弃副产物产生较多的行业，因而在发展过程中必定受到资源和环保方面的越来越多、越来越严的制约。只有通过提高业内人士的战略意识，通过机制创新和技术创新，实现造纸工业绿色循环低碳发展，才能最终使中国造纸工业真正走上健康可持续发展之路。要实现造纸工业绿色循环低碳发展，在方方面面有艰巨而重要的工作要做，造纸科技工作者大有作为。

参考文献

[1] 中国造纸协会. 中国造纸工业 2000 - 2013 年度报告[R].
[2] 中国造纸协会. 造纸工业技术进步“十二五”指导意见[R].
[3] 国家环境保护部. 造纸行业非木材制浆工艺污染防治最佳可行技术指南(征求意见稿)[R]. 2011.
[4] 国家发改委. 制浆造纸行业清洁生产评价指标体系(试行)[R]. 2006.
[5] 中华人民共和国国家环境保护标准. HJ 468 - 2009,清洁生产标准—造纸工业(废纸制浆)[S]. 2009.
[6] 中华人民共和国国家环境保护标准. HJ/T339 - 2007,清洁生产标准—造纸工业(漂白化学烧碱法麦草浆生产工艺)[S]. 2007.
[7] 中华人民共和国国家环境保护标准. HJ/T340 - 2007,清洁生产标准—造纸工业(硫酸盐化学木浆生产工艺)[S]. 2007.
[8] 中华人民共和国国家环境保护标准. HJ/T317 - 2006,清洁生产标准—造纸工业(漂白碱法蔗渣浆生产工艺)[S]. 2006.
[9] 陈克复. 轻工重点行业节约资源和保护环境的战略研究[M]. 北京:中国轻工业出版社,2011.
[10] 陈克复,张辉. 制浆造纸机械与设备(上、下册)(十一五高校国家级规划教材)[M]. 北京:中国轻工业出版社,2013.
[11] 曹邦威. 关于生物质利用的最新进展[J]. 中国造纸,2011,30(7):57 - 65.
[12] 刘康,贾青竹,王昶. 生物质热解技术研究进展[J]. 化学工业与工程,2008,25(5):459 - 464.
[13] 于庆雪,褚夫强,王海松,等. 半纤维素的预提取及高值化利用研究进展[J]. 江苏造纸,20128(4):20 - 23,10 .
[14] 邱卫华,陈洪章. 木质素的结构、功能及高值化利用[J]. 纤维素科学与技术,2006,14(1):52 - 59.
[15] 周宝文,哈成勇,沈敏敏,等. 木质素先进材料的研究进展[J]. 广州化学,2012,37(1):63 - 89,77 .
[16] 苏郁洁,程静. 木质纤维素高效转化国际发展态势分析[R]. 中国科学院青岛生物能源与过程所,2013.
[17] 曹邦威. 将硫酸盐浆厂转变为综合林业生物质提炼厂[J]. 国际造纸,2007,26(3):1 - 6.
[18] 宋秋,任永志,孙波,等. 生物质气化技术应用的问题及对策[J]. 能源工程,2001(6):28 - 29.
[19] 郑昀,邵岩,李斌. 生物质气化技术原理及应用分析[J]. 热电技术,2010(2):7 - 9,14.
[20] 蔡晓锋,张涛. 生物质热解技术的现状、发展趋势及研究[J]. 工业锅炉,2012(2):10

-12,20.
[21] 张辉. 现代造纸机械状态监测与故障诊断(普通高校等教育“十二五”规划教材)[M]. 北京:中国轻工业出版社,2013.
[22] 刘洪斌, 王松林, 张瑞霞. 造纸节能减排技术[M]. 北京:化学工业出版社,2010.
[23] 汪苹, 宋云. 造纸工业节能减排技术指南[M]. 北京:化学工业出版社,2010.
[24] 钱学仁, 安显慧. 纸浆绿色漂白技术[M]. 北京:化学工业出版社,2018.
[25] 黄国林. 非木材造纸清洁生产新工艺[M]. 北京:化学工业出版社,2010.
[26] 杨淑惠,刘秋娟. 造纸工业清洁生产环境保护循环利用[M]. 北京:化学工业出版社,2017.7.
[27] Bozell JJ, Moens L, Elliott DC, et al. Production of levulinic acid and use as a platform chemical for derived products[J]. Resources, Conservation and Recycling, 2000, 28 (3-4): 227-239.
[28] 丛高鹏,时峰,施英乔,等. 实现纸业升级和生物质资源高值利用的有效方法——林基生物质精炼技术[J]. 中华纸业,2011,32(19):43-48.
[29] Mabeew E, Saddler JN. The potential of bioconversion to produce fuels and chemicals[J]. Pulp and Paper Canada, 2006, 107(6):34-37.
[30] Garner A, Kerekes D. Transformative technologies for the forest products sector[J]. Pulp and Paper Canada, 2006,107(6): 17-19.
[31] Okabe K, Yao T, Shiraishi N, et al. Preparation of thin carbon fibers from waste wood-derived phenolic resin[J]. Journal of Material Science, 2005,40(14):3847-3848.
[32] HassanE BM, Shukry N. Polyhydric alcohol liquefaction of some lignocellulosic agricultural residues[J]. Industrial Crops and Products,2008,27:33-38.
[33] Tohmura S, Li G Y, Qin TF. Preparation and characterization of wood polyalcohol-based isocyanate adhesives[J]. Journal of Applied Polymer Science, 2005,98(2):791-795.
[34] Ng R, Shi CWP, Low JSC, Comparative carbon footprint assessment of door made from recycled wood waste versus virgin hardwood: case study of a Singapore wood waste recycling plant[C]//Proceedings of the 18th CIRP International 629 Conference on Life Cycle Engineering, Technische Universität Braunschweig, Braunschweig, Germany, May 2nd-4th, 2011.
[35] Intergovernmental Panel on Climate Change(IPCC). 2006 Guidelines for National Gmenho ~e Gas Inventories[M]. Geneva:IPCC. 2006.
[36] Cotea WA, Younga RJ, Risseb KB, et al. A carbon balance method for paper and wood products[J]. Environmental Pollution, 2012, 116: S1-S6.
[37] 中华人民共和国国家统计局. 中国统计年鉴 2007. 北京:中国统计出版社,2008.
[38] National Council for Air and Stream Improvement, Inc. (NCASI). GHG Calculation Tools for Pulp and Paper Mills-Report Version 1.1[M]. 2005.
[39] Johnson E. Charocal versus L P Grinllinng: A carbon footprint comparison[J]. Environ-

mental Impact Assessment Review, 2009, 29(6):370 - 378.

陈克复 1942年出生于广东省海丰县。制浆造纸工程专家，中国工程院院士。1966年毕业于复旦大学力学专业，1991年晋升为教授。现为华南理工大学教授、博士生导师、“植物资源化学与化工”国家级科技创新平台首席科学家兼主任、北京工商大学双聘院士、北京工商大学北京市植物资源研究开发重点实验室学术委员会主任。长期从事制浆造纸工程和环境工程的科研与教学工作，主要研究方向为纤维悬浮液流动力学及流变学、中高浓制浆技术、纸页形成技术、涂料与涂布技术、废纸脱墨制浆技术及造纸废水处理。为了解决我国造纸工业资源与环境的“瓶颈”约束问题，在节水、节能、减少污染的新技术研发与普及方面，特别在实施中高浓制浆技术以取代低浓制浆方法方面进行了不懈的努力，并在中高浓制浆技术中取得了原创性、实用性的重大成果，研制成功中高浓纸浆少污染漂白技术与成套装备，为我国造纸工业清洁生产做出了突出贡献。

对制革用铬的客观认识及控制铬排放技术探讨

石碧

国际皮革工艺师和化学师协会联合会(IULTCS)

一、引言

制革过程中的鞣制工序有点像信息技术(IT)中的操作系统。在所有的皮革中,85%的皮革采用基于铬的加工技术(铬鞣技术)制造,而铬鞣技术就像计算机世界中的Windows系统。铬鞣法是皮革史上最好的发明之一,它也是皮革业能工业化发展的基础。

从另一方面来说,如果操作不正确,使用铬进行鞣制将会出现Cr^{6+}的潜在风险。因为皮革是许多消费品中的部件,另外在皮革制造过程中还会产生一些副产品和废料,所以应对和防范这种潜在风险成为皮革工业的重要责任。为了符合当今的可持续性标准,必须保证制革工作者、环境以及皮革制品的最终用户能够100%安全。

皮革工业在防范这种潜在风险方面已经取得了巨大进展,尤其是在近10年间。绝大多数的制革工作者对该潜在风险采取了十分严肃认真的态度。研发工作者们正不断地研究避免Cr^{6+}形成的方法,从而不对环境和人类产生任何负面影响,并且使得尽可能多的铬被回收利用。遗憾的是,媒体报道了大量关于铬在皮革中应用的虚假或误导性信息。偶尔出现的制革厂拙劣运营的案例不能代表我们皮革工业的标准技术,但媒体往往取材于这些案例并将其广泛化,这让大众认为铬鞣法大体上是一种必须立即禁止的方法。

幸运的是,事实截然相反。基于现在的科学知识,任何一位消费者如果遵循了简单的指南和建议,都没有理由会面对来自Cr^{6+}的毒性危险。

关于应用铬鞣革的潜在风险,本文对其影响、风险和科学研究的结果提出了一种公平的看法。非常重要的一点是我们不轻视甚至不掩饰风险和危险。但是,如果这种风险是易处理的,那么我们应该保证人们被正确且准确地告知此事,以免他们产生不必要的恐慌。我们应该聚焦于采取一定的措施来进一步减少理论上的风险。

铬是一种特殊的元素,它有各种各样的用途。所有开采的铬矿石中只有一小部分最终被用于皮革工业,绝大多数的铬应用于优质不锈钢和镀铬制品中。这也正是铬的总回收率非常高的原因。即使不是元素周期表中回收率最高的元素,铬可能也是回收率最高的元素之一。

铬有不同的价态(图1)。零价铬和三价铬是许多消费品重要的基本组分。Cr^{3+} 对人体的营养很重要。在许多木材和土壤中,天然 Cr^{3+} 的平均含量为 3~5 mg/L。另外,该含量是自然存在的而不是任何工业污染或应用的结果。三氧化二铬颜料还广泛用作纹身中的绿色颜料,这些颜料对皮肤或者身体都没有危害和致敏反应。

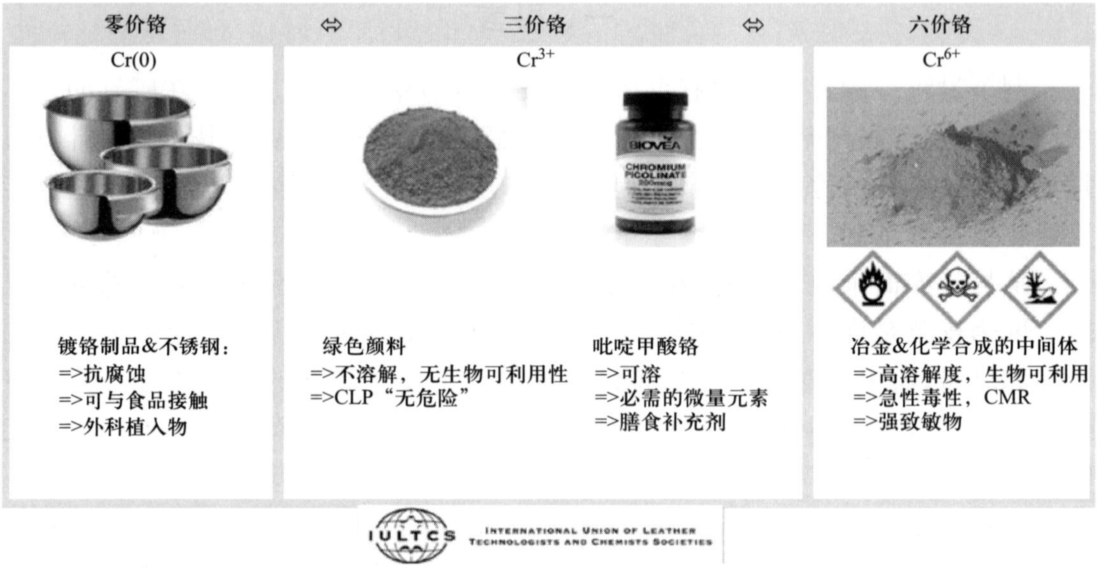

图1 铬元素本身没有好坏之分

Cr^{6+} 是重要的化学中间体,铬就是通过提纯成为六价然后才用于上述所有用途的。正如大家所知道的,Cr^{6+} 对动物和人类是有毒的。因此,与许多其他的危险化学中间体类似,Cr^{6+} 只能在内部系统中采用专业化学公司的极高的安全预防措施进行处理。这是化学公司必须处理的一个普通的潜在风险,并且该风险是完全可以控制的。Cr^{3+} 在一定条件下具有被氧化成危险的 Cr^{6+} 的风险,这与许多其他同样具有广泛应用的有机化学品是相似的。因此,需要有一套关于在皮革鞣制中使用铬的科学的风险评估方法,从而避免在正常使用条件下发生这些氧化反应。事实上已经进行了许多这类研究,而这些研究也正是保护消费者的法律要求的基础。

主要从 20 世纪 90 年代开始，研究者们进行了系列研究以充分认识铬鞣的化学作用、评估铬鞣的潜在风险以及保证鞣革时铬的 100% 安全使用。关于如何避免环境中的 Cr^{6+} 危险，联合国工业发展组织（UNIDO）给出了明确的建议。尤其是，制革过程是由欧盟（EU）发起的一个名为“chrome6less”的全面科学研究的基础。研究结果刊登在互联网上，并且所有的结果被归纳为一句话：“成品革中 Cr^{6+} 的形成能被有效预防！”

没有任何例外，也没有任何免责声明，现在皮革行业不得不保证这些要求变成整个皮革业的标准。

二、Cr^{3+} 和 Cr^{6+} 化学

通过正确的工艺和配方条件可避免 Cr^{6+} 的形式。

了解相关的化学知识是应对风险的前提条件。对皮革而言，理解 Cr^{3+} 和 Cr^{6+} 的化学知识尤为重要。

在溶解态下 Cr^{3+} 和 Cr^{6+} 之间存在一种平衡（图 2）。该平衡受到若干因素的影响，如 pH 或者浓度。Cr^{6+} 是极强的氧化剂，这也是铬具有潜在危险的原因之一。但皮革在“正常”状态下（pH 3.5～5，可萃取的 Cr^{3+} 浓度为 50～500 mg/L，温度低于 100°C），该平衡几乎完全偏向形成安全的 Cr^{3+}；据估算 Cr^{3+} 和 Cr^{6+} 相互转换的平衡常数远远高于 10 000:1。

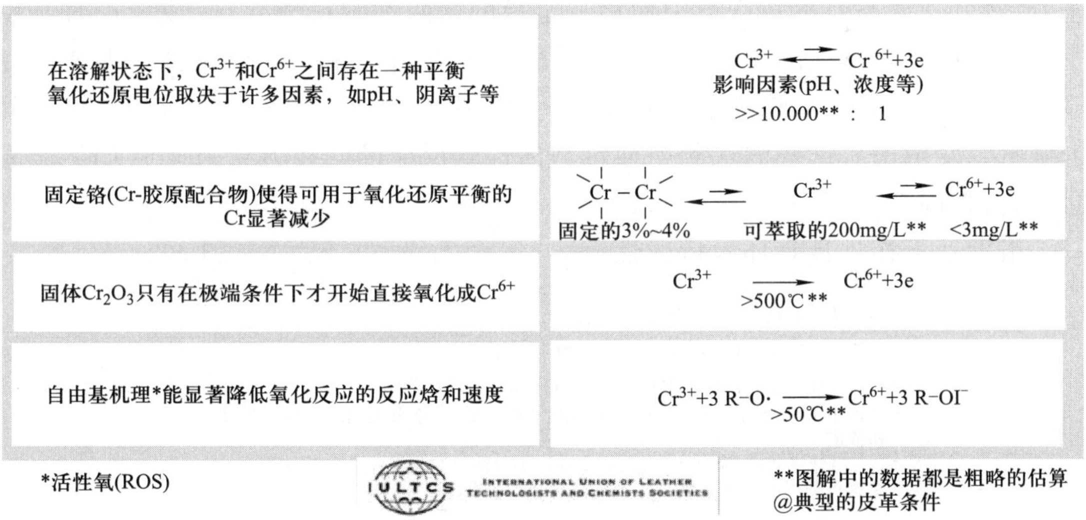

图 2　$Cr^{3+} \longleftrightarrow Cr^{6+}$ 的平衡理论

鞣制时大部分的铬能牢固地固定在皮胶原上；这种现象解释了为什么铬被选作鞣剂。铬一旦被结合到皮胶原纤维上，Cr^{3+} 和 Cr^{6+} 的氧化还原平衡的可用性便明显降低了。只有革中可萃取的 Cr^{3+} 部分还完全适用于该平衡。

(注:Cr^{3+}能同皮胶原纤维发生反应,使皮转变为革,而Cr^{6+}则不能。也就是说,Cr^{3+}具有鞣性而Cr^{6+}没有鞣性。因此,皮革工业选用的鞣剂是Cr^{3+}而不是Cr^{6+}。)

对标准的铬鞣革而言,胶原纤维上固定的铬含量为3%~4%。虽然皮革中可萃取的Cr^{3+}含量很大程度上取决于配方和工艺的操作条件,但是标准铬鞣革可萃取的Cr^{3+}的标准值在50~500 mg/L的范围内。50~500 mg/L是可用于氧化还原平衡的总数。根据上述关于平衡分布的说明可知,在此情况下,革中的Cr^{6+}浓度在安全范围内,远低于现在的检测限3 mg/L。对消费者存在风险的Cr^{6+}浓度比它要高若干数量级。

三、Cr^{3+}氧化形成Cr^{6+}

在一般的条件下,胶原纤维上固定的Cr^{3+}不太可能直接氧化形成Cr^{6+},因为该反应速度极慢。只有在温度高于500℃以及氧化反应条件下,Cr^{3+}才能开始转变为Cr^{6+}。

有一个重要的事实让人们认为,革中的Cr^{3+}有氧化形成Cr^{6+}的潜在风险,即Cr^{3+}可能通过活性有机物(ROS)的中间体被间接氧化成Cr^{6+}。皮革工业中发现一些化学物质,它们可以通过如紫外线照射或漂白/清洗过程而产生自由基,这些自由基即使在“正常”情况下也能将Cr^{3+}氧化成Cr^{6+}。这类自由基能由不饱和基团产生,如许多便宜或者低档的加脂剂、蜡和油的一部分。为避免产生这种氧化反应,不得不在皮革中使用一定量的清除剂和抗氧化剂,或者绝对避免使用这些会产生麻烦的化学品。使用清除剂能在自由基产生后将其立即捕捉并不可逆地消除,因为清除剂能使自由基转变成稳定的组分,这样Cr^{3+}的氧化过程也就不会发生了。这些清除剂是通过与活性氧反应的间接方式来避免Cr^{6+}形成的“内置保险”。

铬无处不在且具有环境持久性——“完全无铬”并不存在(图3)。

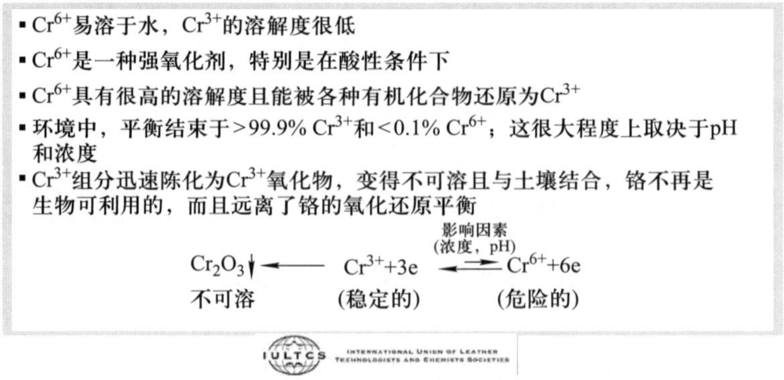

图3 铬:平衡背景和环境持久性

四、环境中的铬

如果溶解的铬释放到环境中,那么正如前面所解释的,相同的规则将适用于铬的氧化还原平衡。由于 Cr^{6+} 具有强氧化能力,因此生成的少量 Cr^{6+} 将立即和环境中的许多有机组分进行氧化反应。这意味着根据铬的氧化还原平衡中铬形态的分布,Cr^{6+} 被还原成了 Cr^{3+} 的安全形态。在这些低浓度的 Cr^{6+} 中宛如进行了“自清除”机制。因为 Cr^{6+} 是可溶的,所以 Cr^{6+} 也能被植物吸收。在这种情况下,植物会再次以相同的方式进行反应并将 Cr^{6+} 转化为安全的 Cr^{3+}。在所有的研究中,不曾在植物里发现过 Cr^{6+}。

皮革中 Cr^{3+} 的使用对消费者和工作者都没有危害(图 4)。

Cr^{3+}	致敏性	非致敏物
	急性毒性	无害或有害,取决于暴露和化合物
	致癌性	非CMR
Cr^{6+}	致敏性	致敏物
	急性毒性	有毒的
	致癌性	致癌的和致诱变的

图 4　重要的铬对人类健康的危害评价

环境中的 Cr^{3+} 会迅速陈化为不溶于水的 Cr^{3+} 氧化物。这是“正常”情况下铬的最终且固定的形态,该形态和皮革中固定的铬的形态相似,同样不适用于 Cr^{3+} 和 Cr^{6+} 之间的氧化还原平衡。因此即使在自然界中,铬的不同价态的化学体系也会自动防止形成危险的 Cr^{6+} 而更倾向于形成 Cr^{3+} 的稳定形态。

有种观点认为,如果人类的汗液能提取皮革中的铬,那么类似的影响会发挥作用。汗液的酸性 pH 以及汗液中的很多微生物是使这些可能的少量 Cr^{6+} 直接还原成无害的 Cr^{3+} 的完美环境。

五、来自皮革中的铬对消费者造成的风险

在认识了 Cr^{3+} 和 Cr^{6+} 之间的氧化还原平衡知识后,我们就能对皮革中铬引起的消费者风险做一个真实的评价了。

关于 Cr^{3+} 的认识是清楚的,且最近的 REACH 附录 XV(Kap.　B 5.8 (ECHA 2011))再次声明了 Cr^{3+} 没有任何风险。故皮革中使用的 Cr^{3+} 不具有致敏性,它已经被证明是无害的并且不属于 CMR(致癌 carcinogenic,突变 mutagenic,有生殖毒性 toxic to reproduction)物质。

但是，Cr^{6+}即使剂量小也存在所有的三类危害风险：它是强致敏原；如果吸入，它是有毒的并且被列为 CMR I 类致癌和致诱变物质。因此，如果皮革含有大量的 Cr^{6+}，那么我们将面临潜在的风险，而这需要科学的评价和精心的管理。其根本问题是在哪些限度下，什么是真实的暴露风险。

根据科学研究现状，Cr^{6+}的急性毒性似乎离皮革的消费者风险还很远（图 5）。

- 消费者或者工作者的安全不是单一化学品的问题，而是化学品暴露的问题
- 只有风险评估能得到“安全”数据
  → 致死量(LD)的阈值和未观察到不利影响的剂量(NOAEL)
- 有一个对动物的Cr^{6+}毒性动力学可用的相当好的数据库
- 几乎没有可用于人类的数据，但一般可能都与动物类似

模型：
1双鞋　→ 约2平方英尺皮革
2平方英尺皮革 → 约200 g重量

合理的最坏的情况：
10 mg/L Cr^{6+} → 2 mg/双鞋

$LD_{50，经口}$：74 mg/kg*体重(26 mg Cr^{6+}/kg体重=1.8 g/70 kg)
→ 1.8 g=2 mg/双×900
NOAEL：2.5 mg/kg*体重(1 mg Cr^{6+}/kg体重=70 mg/70 kg)
→ 70 mg=2 mg/双70×35

$LD_{50，经皮}$：1.150 mg/kg*体重(410 mg Cr^{6+}/kg体重=28 g/70 kg)
→ 28 g=2 mg/双×14000

IULTCS　INTERNATIONAL UNION OF LEATHER TECHNOLOGISTS AND CHEMISTS SOCIETIES

*重铬酸钾数据：ECB，2005和EPA，完整的风险信息系统，2002

图 5　Cr^{6+}：急性毒性

为了更好地理解，首先了解关于所有有害和危险的化学品的一般逻辑是非常重要的。

有很多化学品或多或少被分类为危险化学品，但是为了评价这些化学品是否真的具有风险，必须始终使化学品的毒性与其在特定用途的暴露相互关联。正如每位科技工作者所知道的，这并不是某些危险化学品的特定问题，而是对所有化学品都适用的普遍逻辑，因为所有的物质在暴露到某个程度的时候都会变得有害或者（甚至）危险。这种逻辑在评价 Cr^{6+}的毒性时也必须牢记在心。

典型的实例便是食盐（NaCl）。大家都知道，食盐是我们生命的必需品，但是摄入过量的食盐是不健康的，甚至会危及我们的生命。即使对必需的维生素也是如此！因此，当思考 NaCl 是好还是坏时，答案取决于 NaCl 的暴露水平。但肯定的，我们不应该忘记我们的身体没有食盐或者铬就不能存活！

这种逻辑在评价有毒化学品时也一定要记在心里。根据动物试验，有毒化学品总是有一个致死量和一个较低的安全量，其定义如下。能使机体死亡的有毒物质的最小剂量，称为这种物质的致死量，通常用半数致死剂量（LD_{50}，mg/kg）表示。它定义为用该剂量的有毒物质喂养每千克体重的老鼠，造成 50% 死亡率。较低的安全量称为未观察到不利影响的剂量（NOAEL），它实际上记录了不

必担心毒性的剂量。

目前有一个关于 Cr^{6+} 毒性的相当好的数据库;该数据库的大部分数据由基于哺乳动物的试验产生,并且这些结果中的大部分被广泛地认为能够应用到人类身上。

简单的计算证明,如果一张皮革含有 10 mg/L Cr^{6+},那么 Cr^{6+} 的 NOAEL,特别是 LD_{50},将远远在任何消费者关注的可能情况以外。从理论上讲,为了达到 NOAEL 之上从而可能产生影响,一个人每天得吃 35 双具有该污染水平的鞋。我认为,Cr^{6+} 的急性毒性风险根据科学知识是可以被排除的,因为它远离了任何有关的消费者风险。

根据科学研究现状 Cr^{6+} 的致癌性似乎离皮革的消费者风险还很远(图 6)。

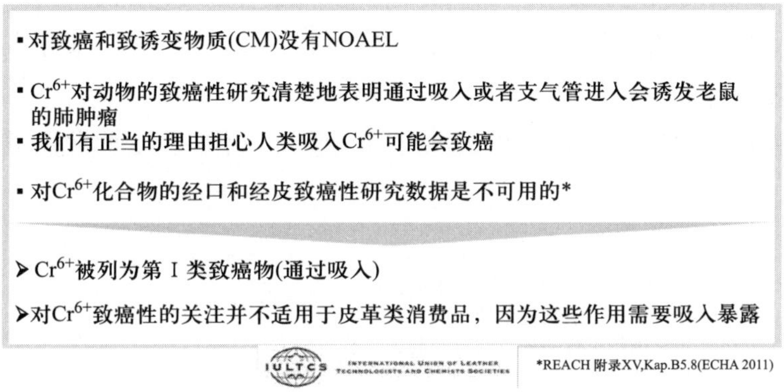

图 6　Cr^{6+}:致癌性

论及致癌性和致诱变性,则需要一种不同的观点。现在还没有关于致癌性和致诱变性的 NOAEL 定义,尽管美国国家环境保护局(EPA)和欧盟化学品管理局(ECHA)正在进行相关讨论。现今的科学研究仅仅把物质看作“有”或者“没有”致癌性和致诱变性,即一种化学品“是”或者“不是”CMR 物质。Cr^{6+} 被认为“是”且被列为第 I 类致癌物,但仅仅针对吸入的 Cr^{6+}。这即是说,Cr^{6+} 的致癌性与 Cr^{6+} 的蒸气/粉尘/雾有关系,如对电镀工业的工作者或者焊接不锈钢的工人,这是重要的安全常识。由于 Cr^{6+} 烟雾的一次性污染可能来自皮革的燃烧,所以在致癌风险方面类似于吸烟或在交通堵塞时呼吸柴油废气。因此,根据科学研究的现状和现实,可以说即使在这些情况下,仍然没有来自穿着或(甚至)口接触(如婴儿)铬鞣革而引起的可测量的 Cr^{6+} 致癌风险。

六、Cr^{6+} 作为致敏原

最后需要讨论的一个重要问题是致敏性。Cr^{6+} 被认为是一种强致敏原。据

文献报道(综合风险信息系统,美国国家环境保护局. http://www.epa.gov/iris/subst/0144.htm),在第一步(诱发)——可能的接触中,Cr^{6+}被皮肤吸收,然后触发下一步——免疫应答(致敏)。当暴露于超出其生命阈值的铬时,致敏个体会发生过敏性接触性皮炎。

遗憾的是,对于Cr^{6+}的这个阈值,或者称作非致敏效应值,刚好在每升几毫克的范围内。这意味着具有此含量Cr^{6+}的皮革在理论上会使人致敏。那么实际上这种风险到底有多么重要呢？我们能够说明的是,皮革作为制造皮鞋以及接触皮肤的皮革制品(如表带)的主要材料,已经使用多年了。而且科学研究已表明,人群中对Cr^{6+}非常敏感的人口比例很低。似乎应该有一个合适的机理来解释接触性皮炎的风险被降到最低的原因。正如之前提到的平衡和环境的还原反应那样,一个可能的原因是Cr^{3+}在接触及渗透入皮肤之前就形成了,剩余的Cr^{6+}含量则低于能观察到致敏的阈值。然而,这仅仅是一个基于科学观察的合乎逻辑的理论解释,至今并未得到科学证实。

统计数据表明,Cr^{+6}对皮肤的致敏性问题并不像公众通常所声称的那样突出(图7)。

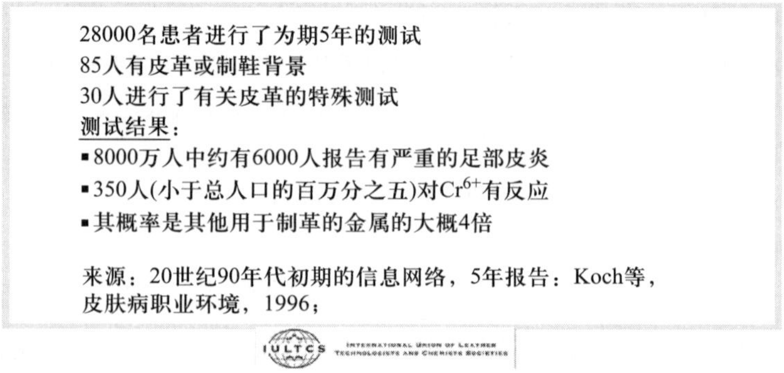

图7　德国关于Cr^{6+}致敏可能性的研究

实际上,根据多个科学研究的结果,对Cr^{6+}非常敏感的人群比例是很低的。官方数据提到,对铬呈阳性反应的人数占总人口的0.4%。这与其他许多金属处于相同范围(对金致敏的人数为对铬的4倍,对镍致敏的甚至高过对铬的10倍),并明显低于其他致敏原,如某些食品、乳糖、青草等。如果有人对铬非常敏感并且已经知晓此事,他们可以通过一个简单的方法保护自己。例如鞋面革可能或多或少含有Cr^{6+},他们仅需要穿上袜子来避免皮肤直接接触皮革。

总体而言,在当今的人群中,皮革导致的致敏性皮炎仅仅是些个例,并非某些媒体所渲染的那么令人担忧。当然我们也致力于实施标准化的工艺技术,并进行更深入的研究开发,以尽可能地降低这种风险。

七、避免皮革中形成 Cr^{6+} 的有效方法

综上所述，为了安全起见，生产几乎不含 Cr^{6+} 的皮革是十分重要的。同时，这也是能够实现的，只要制革工作者严格遵守某些规则，并使用正确的化学品。这些生产工艺指南并非什么高科技，实际上现今大多数的制革者都已在应用这些技术，而他们只是需要一定的生产制造的准则。

为了避免在制革过程中以及在皮革储存和使用过程中产生 Cr^{6+}，共有 9 个控制关键点：

（1）尽量使用优质的铬鞣剂；

（2）在鞣后各工序（如漂白）不用氧化剂；

（3）水场工段结束时 pH 要低（3.5 ~4）；

（4）工艺结束时进行最后的水洗操作；

（5）避免在染色工序前使用过量的氨；

（6）使用高性能的加脂剂（不用不饱和油脂或蜡）；

（7）避免使用铬酸盐颜料（黄色和橙色无机颜料）；

（8）使用 1% ~3% 的栲胶，其具有抗氧化保护作用；

（9）当无法使用栲胶时，使用合成抗氧化剂。

遵循以上原则，制革工作者就能制造出最先进的皮革，它可以满足所有要求，同时避免 Cr^{6+} 的问题。

八、Cr^{6+} 的检测

有关检测还有一个重要的方面需要说明。我们的目的是生产不含 Cr^{6+} 的皮革，保护消费者免受 Cr^{6+} 的危害。然而，现在还没有合适的方法能够直接准确地测定皮革中的 Cr^{6+}。目前所有正在使用或者建议使用的方法，都是测定皮革样品萃取物中的 Cr^{6+}。

在 ISO 17075 标准方法中，pH 8 的磷酸盐缓冲液被用来避免萃取过程中 Cr^{6+} 被还原，但如果皮革中还含有痕量的除铬以外的其他氧化剂，则萃取时很可能发生氧化反应，导致最终结果不代表皮革中的 Cr^{6+} 浓度，而是氧化剂浓度。

在能够更好模拟用户接触皮革的情况下，比如使用 pH 5.5 的人造汗液进行萃取，上述氧化反应就不太可能发生，但如果有痕量的还原性物质存在，则 Cr^{6+} 的还原仍然不可避免。

目前还没有明确的证据证明，萃取出的 Cr^{6+} 含量与皮革中实际的 Cr^{6+} 含量相同。但如果应用 ISO 17075 中的萃取条件，非常重要的一点是，低于 3 mg/L 的数据将不被采用，以免人为因素干扰实际数据。即使采用比现行紫外检测法更

灵敏的检测方法,这一前提条件也不会改变。

九、制革工业使用铬的归纳与总结

本文对皮革中铬的潜在风险提出了一种公平而科学的看法,该观点反驳了大众传媒的很多舆论。在最近的 REACH 法规的附录 XV 中(Kap. B 5.8 (ECHA 2011)),没有关于皮革中 Cr^{3+} 的问题。根据欧盟(Chrome6less 工程)的科学调查,可以有效防止成品革中形成 Cr^{6+}。对每位制革工作者已经有可用的标准工艺来生产无 Cr^{6+} 的皮革。

假如发现皮革中的 Cr^{6+} 含量略有增加,模拟结果也清楚地表明,在毒性和癌症方面的消费者风险是可以排除的;对穿着皮革服装的消费者而言,Cr^{6+} 可能的暴露情况远低于任何可检测出来的风险。

对于一小部分人群来说,皮革中的 Cr^{6+} 存在潜在的致敏风险。尽管皮革被消费者选作可用的材料已经很多年了,但对铬发生过敏反应的概率仍低于其他许多物质,如金、镍、食品成分、青草或特殊的有机物。

用其他鞣制技术替代铬鞣并非更加安全,反而会降低皮革品质。然而,尽管近年来取得了长足的进步,整个国际制革工业仍需继续努力,提升技术水平,制造可信赖的不含 Cr^{6+} 的皮革。

十、控制制革铬排放的关键技术探讨:逆转工艺值得期待

针对控制制革铬排放的关键技术,本文作者明确指出,铬的排放主要由含铬皮渣、含铬污泥、铬鞣废水及染色废水组成,其中含铬皮渣本身没有危害,目前也有成熟的技术对其进行资源化利用,无法利用的建议采用填埋方式处理。含铬皮渣采取焚烧的方式是非常不好的选择,这是因为在 >500℃ 的条件下,Cr^{3+} 转化为 Cr^{6+} 的速率加快,从而产生可吸入的铬酸雾,因此,严禁焚烧。

针对传统工艺中含铬废水产生量大、分离不彻底的问题,本文作者曾提出逆转工艺,该工艺突破了传统制革工艺流程,将铬鞣工序置于染色工序之后,且减少了生产工序,通过实验,采用逆转工艺后含铬废液的产生量可从 5.36 t/t 灰皮降至 1.8 t/t 灰皮,减少 66.4%;平均浓度由传统工艺的 1237.8 mg/L 降至 490 mg/L,废铬液中的三价铬减少 86.7%。因此,该工艺不仅提高了 Cr 吸收率,减少了 Cr 的使用量和排放量,并且保证片削皮渣、复鞣染色加脂工序都无铬,减少了 Cr 的输出工序。经该工艺加工的成品革的各项指标,经检测都能达到产品要求。通过逆转工艺加工得到的皮革在粒面指标、柔软丰满及部位差等方面不差于传统鞣制工艺,某些指标甚至优于传统工艺。

石碧 1958 年出生于四川成都。中国工程院院士,皮革化学与工程专家。1982 年和 1986 年在四川大学皮革工程系获学士和硕士学位,1992 年作为四川大学 - 英国谢菲尔德大学联合培养博士生获得博士学位。现任四川大学制革清洁技术国家工程实验室主任、国际皮革工艺师和化学家协会联合会主席。从事制革化学、制革清洁技术、皮胶原转化利用研究。研究成果“橡碗栲胶分子降解 - 金属络合制造鞣剂”获国家技术发明奖二等奖;“无铬少铬鞣法生产高档山羊服装革”获得国家科技进步奖二等奖;“制革清洁生产关键技术”获得教育部技术发明奖一等奖。发表 SCI 和 EI 收录论文 110 余篇,出版《制革清洁生产技术》等专著和教材 4 部。

发酵工程:科技问题与创新任务

陈坚[1,3],堵国成[1,4],李江华[1,2],刘龙[1,2],康振[1,2]

1 江南大学生物工程学院,江苏无锡;

2 江南大学工业生物技术教育部重点实验室,江苏无锡;

3 江南大学粮食发酵工艺与技术国家工程实验室,江苏无锡;

4 江南大学糖化学与生物技术教育部重点实验室,江苏无锡

摘　要:发酵工程是生物加工和生物制造的核心技术。21 世纪,发酵工业不仅是新的经济增长点,也被认为是解决人类面临的人口、环境、能源、食品安全等主要问题的关键出路。本文首先总结了我国发酵工业现状以及近年来所取得的成就,并对我国发酵工程技术领域微生物细胞工厂构建与优化、发酵过程控制与优化以及发酵工业装备的进展进行了论述;然后对我国发酵工业发展中的主要科技问题以及相应的创新任务进行了分析;最后,对我国未来发酵工程领域关键发展方向进行了展望。

关键词:发酵工程;发酵工业;微生物细胞工厂;合成生物学;过程优化控制;发酵装备

Scientific and Technological Problems and Innovation Tasks of Fermentation Engineering

Jian Chen, Guocheng Du, Jianghua Li, Long Liu, Zhen Kang

Jiangnan University, Wuxi, Jiangsu

Abstract: Fermentation engineering is the core technology for biological processing and manufacturing. In 21st century, fermentation industry is not only the new economic growth point, but also considered to be the key to solve the problems (such as population, environment, energy and food safety) that human faces. In this paper, we first summarize the status of China fermentation industry and its achievements in recent years, and discuss the developments involved in construction and optimization of microbial cell factory, fermentation process control and optimization and fermentation industry equipment. Subsequently, we analyze the key scientific and technological problems and the corresponding innovation tasks of the domestic fermentation industry. Finally, we propose the future pivotal development direction in the field of fermentation engineering.

Key words: Fermentation engineering; fermentation industry; microbial cell factory; synthetic biology; process control and optimization; fermentation equipment

一、引言

发酵工程是采用自然或者通过现代工程技术手段改造的生物体(微生物细胞、动物细胞或植物细胞)对天然的可再生资源进行加工(分解、代谢、合成),为人类生产有用的产品(酿造产品和工业原料),或者直接把自然或者改造的生物体应用于工业生产的过程(图 1)[1]。在过去 100 多年的时间里,以发酵工程为核心的生物技术获得了突飞猛进的发展,并已成为当今世界高新技术发展最快的领域之一。尤其是近几年,随着计算机和生物信息学相关学科的发展,新出现的系统生物学与合成生物学等相关理论与技术为发酵工程的发展注入了新能量。

以发酵工业为核心的生物技术产业已成为 21 世纪经济发展新的增长点,发酵工业对解决人类面临的人口、环境、能源、食品安全等主要问题具有重大战略意义。目前,美国、荷兰、奥地利、丹麦、德国、瑞士以及日本等国纷纷制定了相应的发展战略与计划[2]。同时,我国也大力调整政策和迎头赶上,制定了一系列发展战略和计划,其中《国家中长期科学和技术发展规划纲要(2006—2020)》已将生物技术作为科技发展的五个战略重点之一。在《“十二五”生物技术发展规划》中,生物技术被认为是 21 世纪科技发展的制高点和世界各国竞争的战略重点。2010 年 10 月《国务院关于加快培育和发展战略性新兴产业的决定》出台,生物产业被纳入国家战略性新兴产业体系。而现代生物发酵产业是我国生物产业的核心和重点发展的方向。2013 年我国发酵工业主要产品产量达到 2429 万吨,产值接近 3000 亿元[3]。发酵工业在不仅在国民经济中的比例越来越大,其

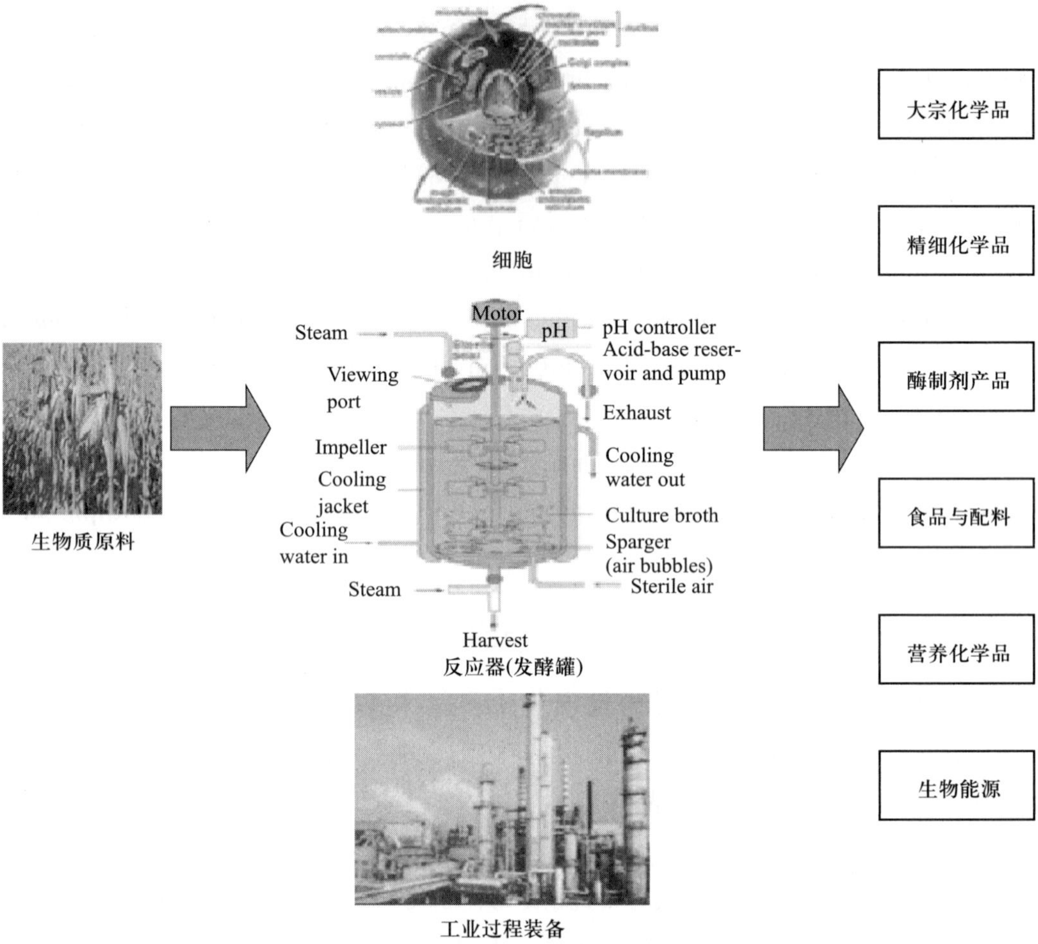

图 1　发酵工业产品制造路线

健康快速发展也是推动我国经济社会可持续发展的关键动力之一。因此,提升发酵工程相关技术研究水平、实现发酵工业的“绿色制造”,将对我国经济和社会发展起到举足轻重的作用。

二、中国发酵工业现状与成就

经过几十年的发展,中国发酵产业由小到大、由弱变强。产品种类也从过去的 3 大类 50 多种发展到现在的 7 大类(氨基酸、有机酸、淀粉糖、酶制剂、酵母、多元醇及功能发酵制品等)300 多种。尤其在“十一五”期间,在国家产业政策指导下,发酵工业主要产品的总产量保持稳定增长,平均年增长率为 15.3%,显示出强大的活力。具体表现以下七个方面。

1. 产品产量不断提高，产品结构调整取得新进展

除了传统发酵产品（如味精和柠檬酸等处于世界领先水平）外，淀粉糖（醇）、酶制剂、酵母以及小品种氨基酸等相关产品产能也获得了快速发展。2013年，我国发酵工程主要产品产量达到2429万吨（表1）。

表1 2011－2013年发酵工业主要产品产量[3] 单位：万吨

产品	2011年	2012年	2013年
氨基酸	300	330	400
有机酸	150	156	198
淀粉糖	1286	1300	1225
多元醇	158	160	157
酶制剂	89	100	110
酵母	27	28	29.4
功能发酵制品	220	290	310
合计	2230	2364	2429

2. 自主创新能力显著增强，工艺装备水平快速提高

目前，发酵行业已经建立了产业联盟、国家级工程研究中心、行业专项技术研究平台、行业技术创新服务平台等多个研究合作平台，涉及发酵行业多个研究领域。研究合作平台的建立不仅加强了高校院所与企业的紧密合作，也为发酵工业培养了一批专业科研和服务队伍，对推动我国发酵工业的科技提升起到引领和助推作用。据调查，发酵工业目前企业研发投入约占销售收入的4.5%，有的可高达10%以上，显示出发酵工业对自主知识产权的重视。

3. 出口稳定增长，国际竞争力大幅提升

"十一五"期间，我国发酵工业主要产品出口呈现稳定的增长态势，出口总量年均增长率为19.1%，出口总额年均增长率达到20.7%。2013年，我国发酵行业主要产品出口总额达34.1亿美元[3]。

4. 企业规模扩大，产业集群发展

"十一五"期间，我国发酵行业企业布局发生了重大变化，企业主体以由中小企业转变为大企业和大集团，发酵行业资源得到了有效整合，企业竞争力显著增强。此外，为了降低发酵成本，发酵工业的产业布局逐渐由沿海经济发达地区转向原料产区，如目前已经形成了以禹城——功能糖城、昌乐——柠檬酸特色区域为代表的产业集群。

5. 发酵产品质量与标准有序规范

“十一五”期间,科学、高效、健康的管理理念和管理方法已在发酵行业获得了高度认可,发酵行业大中型企业均通过了 ISO9000 系列认证,部分企业还通过了 OHSAS18001,kosher,IP 及 HALAL 认证,有力地规范了企业生产和保证了产品的质量标准。

6. 循环经济模式深入人心,节能减排初见成效

在国家产业政策和法律法规的正确引导以及相关法律法规的要求下,发酵企业努力提升自身科研水平、大力治理并综合利用发酵中产生的废水、废渣和废气,在节能减排方面取得了一定的成效。此外,我国发酵行业中的传统酿造(酿酒、食醋、酱油等)产业也取得了快速发展,产业产能规模和产品水平得到了大幅度提升。其中,2013 年白酒销售收入、利税分别为 5018 亿元、1360 亿元,占发酵工业总产值 39.2%。

当前,面对激烈的国际竞争和复杂的经济环境,我国发酵工业发展机遇与挑战并存。在实现我国发酵工业由大变强的过程中,我们必须高度重视以下几个关键方向。

(1) 提升菌种(菌群)改造水平。菌种是发酵工业的灵魂,性状优良的菌种是提高发酵产品产能、降低发酵成本的关键,因此,我国必须在菌种改造方面取得更大突破。

(2) 提升发酵过程控制水平。为实现目标代谢产物的高产量、高产率以及高生产强度,必须利用现代控制理论、开发以过程动力学为基础的控制系统,优化菌种发酵过程和强化菌种性状。

(3) 提升发酵相关装备水平。装备是菌种发酵和产品提取制备的场所,因此,开发规模化、智能化的发酵设备并提升发酵装备水平是实现我国发酵工业由大变强的基础。

三、发酵工程技术进展

(一) 发酵工程目标

发酵工程是生物产业实现产业化的关键技术。发酵工程旨在探索如何从廉价的可再生的生物质原料,通过性状优良的细胞(尤其是微生物细胞)代谢,合成特定的高附加值的目标化合物(大宗化产品、精细化学品、营养化学品、生物能源或者蛋白质等),进而通过高效分离、提取、纯化,规模化制备目标产物。为此,发酵工程具有以下几个目标[4]。

(1) 高产量(微生物能够积累最大目的产物的条件是什么?),即在深入探索

微生物细胞生理特性和调控代谢网络的基础上，提高细胞对特定目标化合物的合成能力，从而提高设备利用率，降低产品提取费用。

(2) 高转化率(原料最多被微生物转化为产物的条件是什么?)，即通过理性调控细胞代谢网络的不同流量分配并结合发酵过程的最佳优化组合实现底物到目标化合物的最大转化率。

(3) 高生产强度(微生物最快速度发酵生产目的产物的条件是什么?)，即通过适应性进化结合培养基组分优化与发酵过程参数的智能化控制，实现目标化合物的高强度生产，缩短生产周期，降低设备投资。

(二) 发酵工程菌种改造技术进展

绝大多数情况下，从自然界分离所得的野生菌种往往难以满足工业化要求(遗传性状稳定、繁殖快、发酵能力强等)，因此人为对筛选的微生物菌种加以改造成为必需的一个环节。传统上，工业微生物育种主要依靠诱变育种技术。诱变育种在发酵工业育种选育上取得了卓越的成就，迄今为止国内外发酵工业中所使用的生产菌种绝大部分是人工诱变选育来的。时至今日，诱变育种技术仍然在抗生素菌株选育中发挥着重要作用。诱变育种的优点在于其方法简单、可操作性强、投资少等；但是诱变育种技术也存在着缺乏定向性、效率低等问题。随着越来越多微生物全基因组的测序以及代谢途径网络的研究深入，代谢工程[5]作为一个强大的工具已开始在微生物育种领域发挥重要作用。代谢工程的优势在于结合微生物遗传调控机制和在目标代谢途径网络调控分析的基础上，采用生物技术等手段对目标产物相关代谢途径在不同水平上进行定向改造。在过去近 20 年里，依靠代谢工程(以及发展起来的反向代谢工程[6])技术获得的微生物菌种已广泛应用于发酵工业(尤其是氨基酸、有机酸等产业)(图 2)。随着计算机科学、生物信息学以及各种组学的发展，系统生物学得到了快速发展(其最大优势在于快速地、全局性地对微生物细胞遗传和代谢调控网络的分析)并应用于微生物菌种的改造(系统代谢工程[7])。在系统生物学和生物信息学的推动下，合成生物学得到了快速发展并显现出强大生命力。

合成生物学的最大优势在于通过设计开发各种标准调控元器件，然后通过组装构建成网络来理性调控微生物细胞，实现预期的目的[8, 9, 10]。目前，合成生物学主要有两个策略(自上而下：基因组删减；自下而上：从头合成)。从上而下即通过对微生物细胞基因组多位点的删减来获得“最小基因组”，其目的在于删掉“冗余”序列、强化微生物细胞对目标代谢产物的合成等。虽然“最小基因组”的概念仍然存在争议(不同培养基以及不同培养条件下，所谓的微生物“最小基因组”是不同的)，但是通过开展从上而下的基因组删减研究[11]，人类对微生物

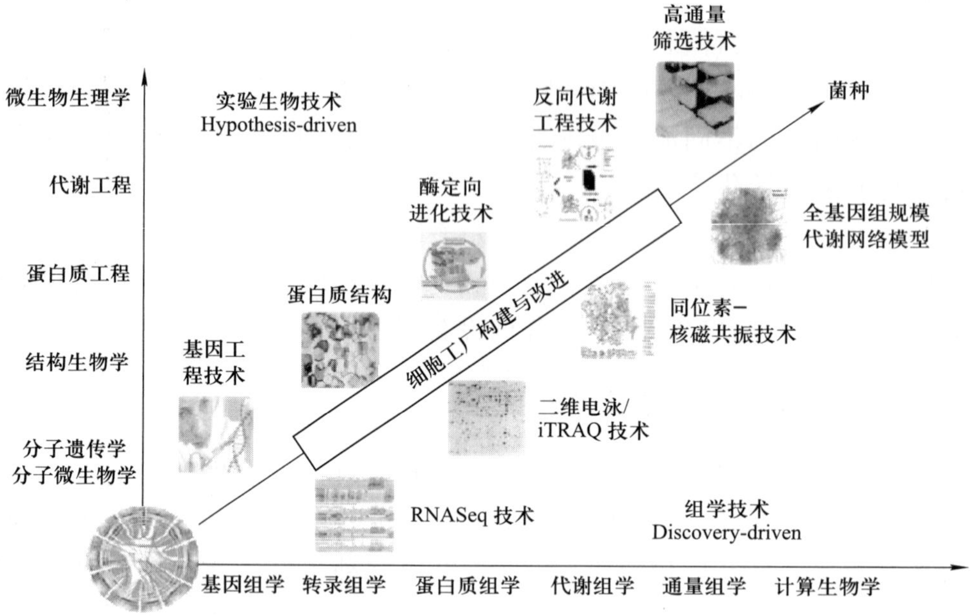

图 2　微生物菌种改造技术

遗传和代谢调控机制的认识进一步加深，从而有利于进一步开展对微生物的理性改造；相反，自下而上的从头合成策略则是通过设计、合成、验证各种调控元器件（启动子、核糖体结合位点、转录终止子、核开关等）、组装构建各种调控网络，以实现对微生物细胞的理性调控[12]；随着合成生物学两个主要分支的发展，未来特定服务功能的“最小微生物细胞工厂”的构建有望实现。目前，诸多课题组已经应用合成生物学发展起来的调控策略对微生物细胞特定目标化合物的代谢途径进行理性、精细调控，构建了性状优良的微生物菌种，实现了多种高附加值天然功能化合物[9]（番茄红素、青蒿素、紫杉醇、白藜芦醇等）的发酵合成。笔者所在研究团队采用合成生物学策略，成功在大肠杆菌中构建了白藜芦醇合成途径（发酵浓度达到 35.02 mg/L）[13]。

此外，借鉴达尔文的自然选择学说，从分子层面各种体外 PCR 技术，如易错 PCR、DNA 重排等，到细胞层面（人为施加外环境胁迫压力，积累并筛选正向的微生物细胞突变体）的各种定向进化技术应运而生[14, 15]。相应地，高通量筛选技术获得了飞速发展，结合定向进化和高通量筛选[16]，人类可以在短时间内筛选获得性状优良的微生物突变株。综上可以看出，未来发酵工程菌种改造技术的发展方向是理性与非理性的结合。

（三）发酵工程过程优化技术进展

微生物细胞性状取决于自身的基因型；但是微生物细胞内环境（能荷水平和

氧化还原电势）与细胞外环境（温度、pH、溶氧等物理和化学因素）又通过影响微生物的调控网络和代谢网络而影响微生物的性状。因此，在获得改良的微生物细胞后，必须对微生物发酵过程进行优化调控，建立与特定微生物匹配的外环境。发酵工程优化技术即建立在对微生物细胞调控网络和代谢网络分析以及对环境因素与微生物细胞相互作用研究的基础上，基于特定细胞和目标化合物，开展理性实时智能化控制。

培养基是微生物代谢的基础，培养基组分的差异直接影响微生物细胞的转录组和蛋白组的变化，进而影响微生物的生理性状。为实现微生物特定性状的发挥，必须对培养基组分以及配比关系进行系统优化。目前，单因素试验法、正交试验设计、响应面优化、遗传算法等方法已广泛应用于培养基组分筛选与配比优化中。在获得适用于微生物菌种代谢的培养基后，优化发酵过程成为实现高产量、高转化率和高生产强度的核心。

传统的发酵过程优化策略主要有：

（1）基于微生物反应原理的培养环境优化，如高密度培养；

（2）基于微生物代谢特性的分阶段培养；

（3）基于反应动力学的流加发酵；

（4）基于辅因子调控的过程优化；

（5）基于代谢通量分析的发酵过程优化。

其中，基于微生物代谢特性的分阶段培养策略应用最为广泛。

在发酵过程中，目标化合物的合成往往是部分偶联或者非偶联型，因此，在发酵工程中通常可通过对三个关键参数：温度、pH 以及溶氧进行分阶段调控，以实现菌体的快速生长和目标化合物的高效合成积累。随着计算机控制系统以及各种传感器的开发，现代发酵工程优化技术越来越突出层次化、实时化和智能化[3]。主要优化技术有（图 3）：

（1）多参数在线检测、实时分析与联动控制；

（2）计算流体力学模拟并结合细胞生理优化；

（3）统计分析建模、参数预测与风险评估；

（4）细胞抗逆生理应答机制与优化；

（5）细胞辅因子、能量调控与过程优化；

（6）微观代谢流分析与过程优化；

（7）代谢流组学分析与过程优化。

其中，基于人工神经网络的发酵过程模式识别与控制和基于细胞代谢网络模型的发酵过程在线控制技术成为研究的两个热点[17, 18]。

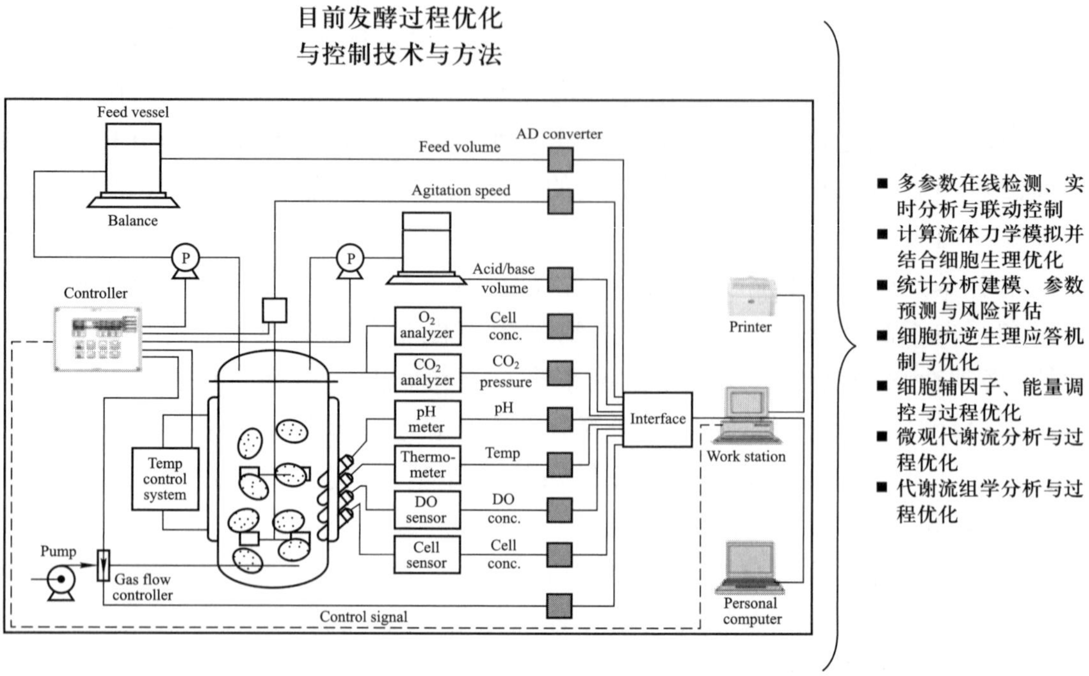

图 3　发酵工程过程优化技术

四、发酵装备技术进展

(一) 发酵过程监测与放大装备技术进展

发酵参数的检测是实施控制的基础。基于微生物发酵工程的特点,开发适用于发酵过程检测的传感器(物理参数、化学参数和生物学参数)具有非常重要的意义。在物理参数中,温度、压力、流量、转速、补料速度和泡沫位是发酵过程中最重要的需要实时在线检测和控制的参数。目前,已开发出应用于以上物理参数在线检测的传感器。相比之下,大多数化学参数和生物学参数往往仅能采取离线检测的方法,尚不能进行在线分析(葡萄糖、乙醇、谷氨酸等物质的在线检测传感器已研制成功并获得应用)。因此,研究和开发在线检测化学参数和生物学参数的传感器成为一个研究热点。此外,在发酵过程中,如呼吸强度、氧传递系数、比生长速率、产物得率、呼吸商等参数可通过间接计算获得。其中,发酵尾气组分在线分析已广泛应用于间接测定耗氧速率、二氧化碳释放速率以及呼吸商。

从发酵分析到规模化发酵生产必须经历三个阶段:实验室小试、车间中试与生产规模的放大。发酵规模放大的目的在于根据小试水平上确定的最优操作方式以及反应器形式,开展中试水平分析,以研究反应器几何尺寸变化以及反应器操作性能对发酵过程的影响，进而对规模化反应器的设计和操作条件进行修正和再设计，最终建立规模化发酵条件。由此可见，成功的发酵过程放大取决于两方面：一方面是发酵过程放大的技术；另一方面是生物反应器的设计与制造。

在发酵过程放大过程中，一般遵循的原则有四个[1]：发酵罐几何相似放大原则、供氧能力相似放大原则、细胞代谢相似放大原则以及培养条件相似放大原则。在以上四个原则的基础上，发展起来的发酵过程放大技术可分为四种：经验放大法（即依据已有装置分析所建立起来的基质传递、剪切速率等参数依据，进行定性放大）、缩小－放大法（即将已有的规模化反应器按一定方法缩小至实验室规模进而模拟分析出大型反应器的细胞生长代谢，找出关键的限制性因素）、数学模型法（即基于发酵过程关键参数变量建立方程并进行全面模拟计算与优化，进而确定生物反应器结构尺寸、依据最佳操作条件等）以及近年来发展起来的基于计算流体力学的发酵过程放大技术（即采用计算机技术和离散化的数值方法对生物反应器内的流体力学进行分数值分析与模拟，进而结合实验研究优化生物反应器的设计）；另一方面则是设计并建造与分析过程参数相匹配的生物反应器。在很大程度上，生物反应器的设计与建造水平直接决定了发酵过程放大优化的水平，因为生物反应器的尺寸（如径高比等参数）、在线控制系统（物料流加的控制）以及在线检测传感器（温度、pH 以及溶氧等监测）的配备水平直接关系到传质、传热以及安全操作。目前，借助于神经网络、专家等控制系统的大型智能化生物反应器的设计与开发成为未来一个发展趋势[19]。

（二）发酵产品分离装备技术进展

发酵产品的分离提取纯化技术不仅关系到产品的品质与发酵成本，也直接关系到整个发酵工业的“清洁绿色制造”（图 4）。发酵产品的分离提取涉及发酵液的预处理与产品的分离[20]。传统上，发酵产品的分离提取主要依靠破碎（胞内物质）、过滤、离心、沉淀、吸附等模块化操作来完成。目前，细胞破碎方法分为机械法（珠磨法、超声破碎法、高压挤压法和高压匀浆法）和非机械法（酶解法、渗透压法、冻融法和干燥法）。由于机械法具有效率高、成本低、通用性强等特点，机械法破碎广泛应用于实验室和工业。其中，高压匀浆法是大规模破碎细胞常用的方法。英国 APV 公司和美国 Microfluidics 公司均有高压匀浆器出售；发酵液固液分离主要采用过滤和离心法。其中，板框过滤机、转鼓真空机、碟片式离心机已广泛应用于发酵工业；目前，盐析法（硫酸铵沉淀）、有机溶剂法（乙醇沉淀）和等电点法等沉淀法因操作方便、能耗低、效率高等特点，在发酵工业具有广泛应用；吸附技术主要用于发酵产品的脱色以及纯化（去热原、去组胺等），其中，离子交换法因其具有成本低、设备简单、操作方便、易实现自动化控制以及效率高等优点,在发酵工业获得了长足的发展(应用于抗生素、氨基酸、有机酸的分离)。

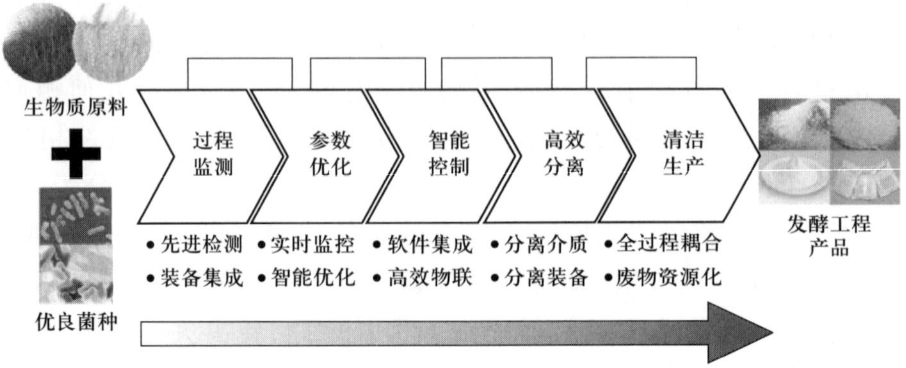

图4　发酵工程关键技术与装备

随着物理、化学等学科的发展,色谱(层析)技术成为一种高效的分离方法,广泛应用于石油、化工、环境科学以及发酵工程领域。其中,液相色谱技术、近年来发展起来的超高压液相色谱以及模拟移动床连续色谱在发酵产品的分离提取以及制备中,发挥着越来越大的作用。此外,随着材料科学的发展,膜分离技术[21](微滤、超滤、反渗透以及纳米过滤)得到了长足的发展。和传统的分离技术相比,膜分离技术具有分离效率高、能耗低、操作简单、操作温度低以及兼备纯化的特点,因此,膜分离技术被认为是一种最有前途的分离技术之一。基于实时膜分离等操作,集成式分离耦合设备与发酵工艺已在发酵工业中受到越来越广泛的关注[22]。

五、展望

发酵工程已成为解决人类面临的能源(生物能源的开发,如长链脂肪醇)、环境(环境修复)、安全(食品安全问题,如氨基甲酸乙酯的消除)、健康(天然功能化合物,如黄酮类化合物)等持续性发展课题的关键技术。随着发酵工程等相关生物技术的进展,发酵工业将在我国国民经济中占据更大比重。虽然我国已是发酵大国,某些产业如谷氨酸、柠檬酸、维生素C等在国际上占有举足轻重的地位,但是,我国的发酵工程技术水平和发达国家相比还有较大差距(尤其在发酵菌种改造、发酵工艺、产品分离提取以及生产装备方面)。推动发酵工程学科的快速发展、建设发酵强国对我国经济发展和人民生活水平的提高具有深远的意义。

参考文献

[1]　陈坚,堵国成. 发酵工程原理与技术[M]. 北京:化学工业出版社,2012:1 -319.

[2] 中国生物发酵产业协会. 发酵工业"十二五"发展规划［J］. 发酵工业,2011,230:27-34.

[3] 石维忱. 转变增长方式,推动绿色发展. 第六届全国发酵工程学术研讨会专题报告,2014.

[4] 陈坚,刘立明,堵国成. 发酵过程优化原理与技术[M]. 北京:化学工业出版社,2009:1-294.

[5] Koffas M, Roberge C, Lee K, et al. Metabolic engineering[J]. Annual Review of Biomedical Engineering, 1999,1:535-557.

[6] Oud B, van Maris AJ, Daran JM, et al. Genome-wide analytical approaches for reverse metabolic engineering of industrially relevant phenotypes in yeast[J]. FEMS Yeast Research, 2012,12:183-196.

[7] Park JM, Kim TY, Lee SY. Constraints-based genome-scale metabolic simulation for systems metabolic engineering[J]. Biotechnology Advances, 2009,27: 979-988.

[8] Wendisch VF. Microbial production of amino acids and derived chemicals: synthetic biology approaches to strain development[J]. Current Opinion Biotechnology, 2014,30:51-58.

[9] Paddon CJ, Keasling JD. Semi-synthetic artemisinin: a model for the use of synthetic biology in pharmaceutical development[J]. Nature Review Microbiology, 2014,12: 355-367.

[10] Keasling JD. Synthetic biology and the development of tools for metabolic engineering[J]. Metabolic Engineering, 2012,14:189-195.

[11] Mizoguchi H, Mori H, Fujio T. *Escherichia coli* minimum genome factory [J]. Biotechnology Applied Biochemistry, 2007,46:157-167.

[12] Callura JM, Cantor CR, Collins JJ. Genetic switchboard for synthetic biology applications [J]. Proceedings of National Academy of Science of USA, 2012,109:5850-5855.

[13] Wu J, Liu P, Fan Y, et al. Multivariate modular metabolic engineering of *Escherichia coli* to produce resveratrol from L-tyrosine[J]. Journal of Biotechnology, 2013,167:404-411.

[14] Biot-Pelletier D, Martin VJ. Evolutionary engineering by genome shuffling [J]. Applied Microbiology Biotechnology, 2014,98:3877-3887.

[15] Tee KL, Wong TS. Polishing the craft of genetic diversity creation in directed evolution [J]. Biotechnology Advances, 2013,31:1707-1721.

[16] Schallmey M, Frunzke J, Eggeling L, et al. Looking for the pick of the bunch: high-throughput screening of producing microorganisms with biosensors[J]. Current Opinion on Biotechnology, 2014,26:148-154.

[17] Silva R, Ferreira S, Bonifácio MJ, et al. Optimization of fermentation conditions for the production of human soluble catechol-O-methyltransferase by *Escherichia coli* using artificial neural network. Journal of Biotechnology, 2012, 160:161-168.

[18] Gheshlaghi R, Scharer JM, Moo-Young M, et al. Metabolic flux analysis for optimizing the

specific growth rate of recombinant *Aspergillus niger*[J]. Bioprocess Biosystem Engineering, 2007,30:397 -418.
[19] 潘丰. 智能控制在分批发酵过程中的应用[J]. 控制工程, 2002,9:60 -64.
[20] 毛忠贵. 生物工业下游技术[M]. 北京:中国轻工业出版社,2006:1 -429.
[21] Prochaska K, Staszak K, Woźniak-Budych MJ, et al. Nanofiltration, bipolar electrodialysis and reactive extraction hybrid system for separation of fumaric acid from fermentation broth [J]. Bioresource Technology, 2014,167:219 -225.
[22] 王华,刘艳飞,彭东明,等. 膜分离技术的研究进展及应用展望[J]. 应用化工, 2013, 42:532 -535.

陈坚 江南大学生物工程学院教授、博士生导师。长期从事发酵工程和食品生物技术的研究与教学工作。担任“973”项目首席科学家,获国家杰出青年基金项目。研究成果获国家技术发明奖二等奖 1 项(2012 年)、国家科技进步奖二等奖 1 项(2006 年)、教育部和江苏省科技成果奖一等奖 6 项,何梁何利基金科学技术创新奖(2013 年);发表 SCI 论文 100 多篇,SCI 他引超过 2700 次;获授权发明专利 74 项;指导 2 篇全国优秀博士论文。

食源性诺如病毒的风险识别及其分子进化机制探索

吴清平,薛亮,寇晓霞,张菊梅,蔡伟程,郭伟鹏

广东省微生物研究所,华南应用微生物国家重点实验室,
广东省菌种保藏与应用重点实验室,
广东省微生物应用新技术公共实验室,广东广州

摘　要:诺如病毒是引起流行性与散发性急性胃肠炎的重要食源性致病微生物之一,近 20 年来已导致至少 6 次全球大规模流行,对公共卫生安全造成极大的威胁。然而,体外复制体系及动物感染模型的缺乏增加了诺如病毒研究的困难,目前还没有有效的抗病毒药物以及医疗手段。病毒序列信息的积累已经逐渐成为认识病毒的重要基础,因此,本研究以诺如病毒序列信息为基础,分别针对病毒检测技术开发、病毒污染水平调查、病毒衣壳蛋白功能鉴定及病毒进化分析等内容展开了一系列研究。荧光定量 RT－PCR 及 NASBA 技术和阳离子絮凝及免疫磁珠富集等检测及样本前处理方法检测灵敏、回收率高,可以较好地实现对水体及贝类中病毒的快速检测;以人工污染牡蛎为研究对象,借助免疫组化分析,首次证明除胃肠及消化盲囊外,腮组织也是有效的病毒监测靶点;通过杆状病毒表达系统分别制备 VP1 组装的病毒样颗粒 VLP 以及 VP1 与 VP2 共同组装的 VLPs,并通过比较在不同 pH 及臭氧处理条件下的二级结构变化,显示出 VP2 蛋白具有明显的稳定病毒颗粒结构的作用;对 GII 型诺如病毒基因组进行比对分析,结果表明,p22、P2 及 VP2 区为变异热点区域,同时对 GII. 4 型诺如病毒基因组深入分析显示,VP1 与 VP2 可能存在共进化现象;针对 GII. 4 型诺如病毒衣壳蛋白进行多重比对及同源建模分析,结果显示,病毒衣壳上共分布有 6 个预测表位,其不断变化而持续产生新的变异株,是诺如病毒进化研究的热点区域。

关键词:食源性诺如病毒;检测技术;污染调查;组织分布;VP2;进化机制

Risk Identification of Foodborne Noroviruses and Exploration of Its Molecular Evolution Mechanisms

Qingping Wu, Liang Xue, Xiaoxia Kou, Jumei Zhang, Weicheng Cai, Weipeng Guo

Guangdong Institute of Microbiology, State Key Laboratory of Applied Microbiology of Southern China, Guangdong Provincial Key Laboratory of Microbial Culture Collection and Application, Guangdong Open Laboratory of Applied Microbiology, Guangzhou, China

Abstract: Noroviruses are regarded as the important foodborne microorganism for sporadic and epidemic acute gastroenteritis worldwide, and it has caused at least six global epidemics and poses a great threat to public health. But the lack of in vitro replication system and infected model increases the difficulty of researches on it; therefore there are still no effective treatments or vaccines available for use against viral infection. Accumulation of NoV sequences is the important tool to understand noroviruses. So, this study focuses on the development of NoV detection technology, the survey of NoV contamination, identification of viral capsid protein and exploration of virus evolution based on norovirus sequence information. The detection methods with high sensitivity and recovery rate, such as real-time reverse transcription polymerase chain reaction, nucleic acid sequence based amplification, cationic flocculation, and immunomagnetic separation method, make it feasible to detect viruses in shellfish and water samples. Based on the artificially contaminated oyster model, the distribution of noroviruses was studied in the different tissues of oyster by immunohistochemical analysis, which was found in the gills, stomach, digestive diverticula and cilia of mantle. Based on baculovirus expression system, VLP and VLPs were expressed and assembled in sf9 cells, and then VP2 was proved to be able to stabilize the secondary structure of virus like particles at alkaline pH and ozone water partly. Homology analyses of GII norovirus genomes were performed, and p22, P2 subregion, and VP2 were shown as the most variable regions with high divergence; meanwhile, the phylogenetic analyses of GII. 4 genotype suggested that the co-evolution may have occurred over time between two capsid proteins VP1 and VP2. Furthermore, six epitopes were predicted on viral capsid of GII. 4 noroviruses based on multiple alignments and homology modeling, which kept evolving as the hot spots of evolution.

Key words: foodborne norovirus; detection technology; contamination survey; distribution of tissues; VP2; evolution mechanism

一、引言

诺如病毒(Norovirus, NoV)是导致全球流行性与散发性腹泻的主要食源性病原之一,在世界各地每年至少引起2.3亿人次感染,在发展中国家尤为严重,至少造成22万例5岁以下儿童的死亡,已经对公共卫生安全构成极大的威胁[1]。NoV可以感染各年龄段人群,主要临床表现为腹泻、呕吐、发热等,对婴幼儿、老人及免疫缺陷人群还可能引起脱水性死亡[2]。NoV极易传播,少量的病毒颗粒(~18)就会造成宿主感染[3],因此该病毒易在封闭性场所内暴发疫情,如学校、医院、养老院、军队及大型轮船等,24小时内几乎可以感染环境中所有易感宿主[4, 5]。近年来,随着人们生活质量的提高,我国逐渐加强了对NoV传播的监控,自1995年方肇寅等首次报道以来,广东、广西、福建、浙江、江苏等地均有相关疫情暴发的报道,并且还呈现出愈发频繁的趋势,尤其2014年2月浙江海宁暴发的NoV疫情,表明我国食品安全领域食源性病毒控制监管水平有待提高;同时,通过对我国不同城市的散发病毒性腹泻病情调查表明,NoV的感染比例达到8.9% ~16.1%,已经成为仅次于轮状病毒的第二大病因[6-8]。目前还没有有效的病毒疫苗与治疗手段,因此加强NoV监控与预防具有重要意义。

诺如病毒具有多种传播途径,除了被感染的患者外,受污染的水源和食物,包括牡蛎、扇贝、草莓、生菜、沙拉等,也是重要的病原来源[9-12]。NoV在环境中可以长期存在并保持感染能力,一般的加热及消毒处理难以彻底消除食品中的病毒。据报道,30% ~40%的NoV感染是通过环境污染和食品传播引起的[13]。美国、澳大利亚及欧洲等地均发现,在水源及贝类中普遍存在各类食源性病毒,近年来在我国环境与食品等食源性致病微生物监测过程中也证实了NoV污染的广泛存在,这被认为是各地病毒疫情暴发的重要潜在因素。检测技术的发展是监测NoV污染的技术基础,目前荧光定量RT-PCR被认为是NoV检测技术的“金标准”[14, 15]。然而,对于在食品中检测病毒,往往由于病毒含量较少,且具有复杂的干扰基质,因此,建立和优化回收率较高的前处理方法,往往更具有意义。目前,我国还没有监测食品中污染食源性病毒的技术法规和标准,因此,建立快速、灵敏的检测和控制关键技术是在食品生产、加工、流通过程中,有效控制食源性病毒污染的重要技术基础。

二、诺如病毒检测技术研究

(一)诺如病毒 RT-PCR 分子检测技术的标准化研究

本研究分别选择针对 NoV 基因组不同区域的引物(JV12/JV13,MON341/MON343,P290/P289,G2SKF/G2SKR 以及 COG2F/COG2R)作为对象,首先将覆盖以上引物扩增区域的片段克隆至 pMD19T 载体,制备质粒 DNA 及体外转录 cRNA 作为实验质控品,然后在优化各自反应条件的基础上对不同类型的 PCR 技术进行灵敏度评价,并建立了不同技术之间的相互关系。结果显示,针对 RNA 聚合酶区设计的引物 JV12/JV13 灵敏度可达到每个 PCR 反应 10^4 拷贝数,针对 N/C 区设计的引物 G2SKF/G2SKR 灵敏度可达到每个 PCR 反应 10^3 拷贝数,一步法与两步法荧光定量 RT-PCR 的灵敏度可达到每个反应 10^2 拷贝数。此外,本研究考察了 cRNA 浓度对反转录效果的影响,随着样本的稀释,会造成一定程度的反转录效率降低,在选择 10^3 拷贝数以上的模板量进行反转录时,模板量对数值与荧光定量 PCR 的 Ct 值具有良好的线性关系。综合以上对不同类型 RT-PCR 及反转录过程的优化及评价,我们建立了这些不同方法之间的相互联系(表 1)。尽管荧光定量 RT-PCR 在 NoV 检测中具有灵敏度高及周期短的优势,但常规 RT-PCR 可以为病毒研究积累序列信息,因此,在未来的病毒监测过程中,可依据此表作为参考,根据不同的实验需求选择合适的 NoV 检测方法。本研究还在此基础上推荐了实验室内 NoV 标准化检测流程(图 1)。

表 1 用于诺如病毒检测的不同类型 RT-(q)PCR 技术选择列表

DNA /copies	Two step RT-PCR (JV12/JV13)	Two step RT-qPCR	Reverse transcription for (q)PCR	One step RT-PCR (JV12/JV13)	One step RT-qPCR	cRNA /copies
10^8	+	14.65	18.04	+	15.97	10^8
10^7	+	18.62	21.75	+	19.12	10^7
10^6	+	21.90	25.11	+	22.45	10^6
10^5	+	25.28	28.52	+	25.86	10^5
10^4	+	28.56	31.93	+	29.23	10^4

续表

DNA /copies	Two step RT－PCR (JV12/JV13)	Two step RT－qPCR	Reverse transcription for (q) PCR	One step RT－PCR (JV12/JV13)	One step RT－qPCR	cRNA /copies
10^3	-	31. 78	34. 44	+	32. 93	10^3
10^2	-	34. 50	-	-	36. 51	10^2
10^1	-	37. 58	-	-	-	10^1

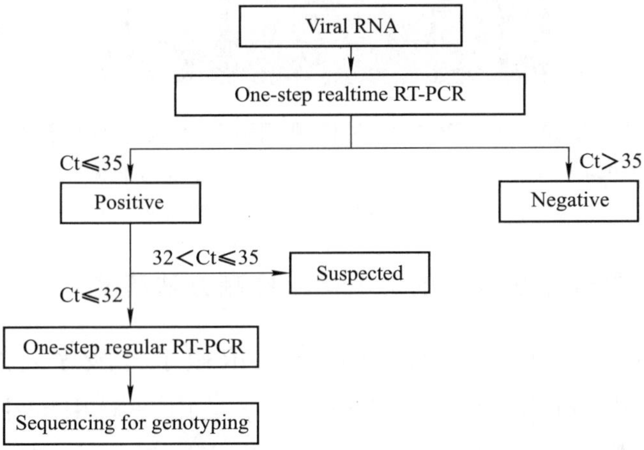

图 1 推荐诺如病毒标准化检测流程

(二) 四种食源性病毒的多重 RT－PCR 检测技术

目前，RT－PCR 被认为是检测食源性病毒最行之有效的方法。近年来，将 PCR 方法应用于食源性病毒的检测大大促进了检测方法的发展。但是常规的 PCR 都是单一扩增，在实际应用中很难同时处理大量的样品；多重 PCR 技术的建立和应用提高了 PCR 的效率，解决了这一难题。相比于传统方法，多重 PCR 检测法节省时间，效率高，更灵敏特异，在实际应用中能同时处理大量的样品，提高 PCR 检测方法的能力[16]。本研究在首先验证四种食源性病毒(诺如病毒、轮状病毒、甲肝病毒及星状病毒)各自单一 RT－PCR 特异性的基础上，探讨了单一及多重 RT－PCR 检测的灵敏度水平。由于这四种食源性病毒难培养或不可培养，因此本研究以可检测到的 RNA 量为灵敏度指标。结果显示，在单一 RT－PCR 中，可得到的重现性稳定的最高检测限依次为轮状病毒 10 pg、诺如病毒 5 pg、星状病毒 5 pg、甲肝病毒 10 pg。而在多重 RT－PCR 中，可得到的重现性稳定的最高检测限为轮状病毒、诺如病毒和星状病毒均为 50 pg,甲肝病毒为 100 pg(图 2),总体上,单一 RT - PCR 的灵敏度比多重 RT - PCR 的灵敏度高 10 倍[17]。将以上两种方法应用于 128 份腹泻样本,所有的样本均同时用单一RT - PCR 和多重 RT - PCR 检测,所得结果相同,其中轮状病毒阳性 62 份(48.44%)、星状病毒阳性 11 份(8.59%)、诺如病毒 8 份(6.25%)、甲肝病毒 4 份(3.12%)[18]。

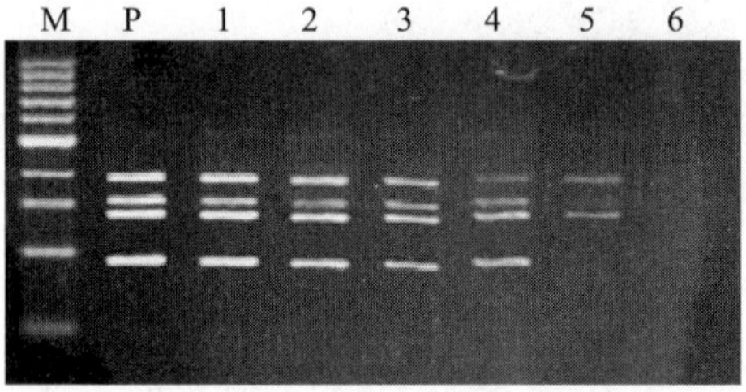

图 2　多重 RT - PCR 同时检测四种病毒灵敏度电泳结果

M:100 bp DNA Marker; P:阳性对照; 1,2,3,4,5,6 依次对应于 RNA 模板量为 50 ng,10 ng,5 ng,100 pg,50 pg,10 pg 多重 RT - PCR 扩增结果

(三) 诺如病毒与轮状病毒的 NASBA 检测方法建立

本研究还建立了轮状病毒和诺如病毒的依赖于核酸序列的扩增法(nucleic acid sequence based amplification, NASBA),它是由一对引物引导的、连续均一的、体外特异核苷酸序列等温扩增的酶促反应过程,反应在 42℃进行,可以在 2 h 左右将模板 RNA 扩增约 10^9 倍。整个反应不需特殊仪器,无需温度循环,没有高温变性步骤,不会受到外来双链 DNA 的污染,且反应速度快、特异性强、敏感性高,其扩增效率是 RT - PCR 的 3 倍,对于基层缺乏配备齐全的专业分子实验室的检测部门非常适用。本研究用紫外分光光度计测定抽提的病毒 RNA 浓度,将病毒 RNA 做 10 倍梯度稀释,各取 2 μL 为模板进行 NABSA 扩增,将 NASBA 扩增产物进行 Northern 斑点杂交,将杂交可检测到的杂交信号的最高核酸稀释浓度作为 NASBA 检测法的最高检测灵敏度,根据可检测到的杂交信号表明,轮状病毒和诺如病毒的 NASBA 检测灵敏度均达到 5 pg(图 3)。将该方法应用于上述 128 份临床腹泻样本,检出结果与两种 PCR 方法一致[19],其中轮状病毒阳性 62 份、诺如病毒 8 份。

(四) 食源性病毒检测前处理技术的研究

贝类及水环境中存在的食源性病毒量极低,能否将大量水体及贝类体内微量病毒粒子有效浓缩成为将 RT - PCR 等分子学方法成功应用于环境样本中病

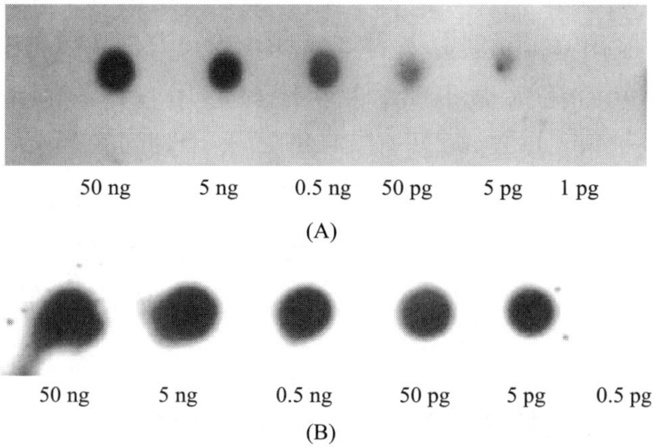

图 3 Northern 斑点杂交验证

(A) 诺如病毒和轮状病毒(B) 的 NASBA 灵敏度

毒检测的重要制约因素。同时,贝类样本中的 PCR 抑制物的去除也是一个关键性问题。因此,要实现对环境中的病毒进行检测和实时监控,研究从贝类及水体等环境样品中浓缩病毒的方法,提高样品检出率,降低检测的假阴性,对食源性病毒的监测具有重要意义[20]。由于以上 3 种食源性病毒很难或无法培养,获取阳性毒株及其效价测定存在一定困难。本研究利用大肠杆菌噬菌体作为模型病毒,用来代替食源性病毒的阳性毒株,摸索和建立环境样本中病毒的前处理方法。实验首先优化了阳离子絮凝法实验条件,噬菌体回收率在 60.8% 到 97.6% 之间,而三氯化铝浓度为 0.005 mol/L(pH 7.0)时回收率最高,其中噬菌体的初始添加量为 960 000 PFU/L;洗脱液采用甘氨酸缓冲液、牛肉膏溶液、磷酸缓冲液 3 种,并分别配以 3 个 pH 值(7,9.5,11),病毒回收率为 66.3%(0.1 mol/L 磷酸缓冲液,pH 11)至 93.5%(0.1 mol/L 甘氨酸缓冲液,pH 9.5)之间,表明洗脱效果最优为 0.1 mol/L 甘氨酸缓冲液(pH 9.5)。此外,针对不同环境样本,三氯化铝沉淀法在自来水中的回收率较高,当添加的噬菌体浓度为 96 PFU/L 以上时,回收率均在 80% 以上,最高达到 96.04%,即使病毒浓度为 9 PFU/L 时回收率仍然可以达到 33.33%;在处理生活污水时,当添加的噬菌体浓度为 960 PFU/L 以上时,三氯化铝沉淀法在生活污水中的回收率均在 84.46% 以上,最高达到 93.85%,当浓度为 96 PFU/L 时的回收率为 54.17%,而当浓度为 9 PFU/L 时则不能有效回收。

本研究还探索了正电荷膜过滤浓缩法。实验中 1 L 水中添加的噬菌体总量从 960 000 PFU 系列稀释到 9 PFU,回收率随投毒浓度的增加而升高,最高回收率达到 91.98%,当添加噬菌体的量为 960 PFU/L 以上时,回收率均在 84.38%

以上；而当病毒量稀释至 9 PFU/L 时，没有回收到噬菌体；当病毒量为 96 PFU/L 时，虽然仍然可以检出病毒，但是检出率只有 29.17%。和自来水中添加的噬菌体量一样，同样对生活污水做 10 倍梯度稀释后用正电荷膜回收。但从数据比较，在污水中该法的回收率远低于在自来水中的回收率，最高回收率仅有 69.9%，当添加量为 9600 PFU/L 时，回收率仅为 49.69%，已经不足 50%，相比较于自来水中的 84.38%，回收率几乎降低了一半。虽然在添加量为 96 PFU/L 时仍可以检出，但检出率仅为 2.1%，而相同的噬菌体浓度在自来水中的回收率为 29.17%[21]。

（五）诺如病毒在牡蛎不同组织中分布情况研究

本研究利用免疫组织化学和 RT－PCR 方法，对 NoV 在牡蛎不同组织部位的累积分布进行系统研究。在建立牡蛎动物模型的基础上，以 NoV 临床腹泻样本为检测靶标，以 VP1 的单克隆抗体为标记物对病毒在牡蛎体内不同组织的分布情况进行免疫组织化学分析[22]。结果发现，在牡蛎的鳃、胃肠、消化盲囊和外套膜上前纤毛等组织中都有 NoV 的累积分布（图 4）。

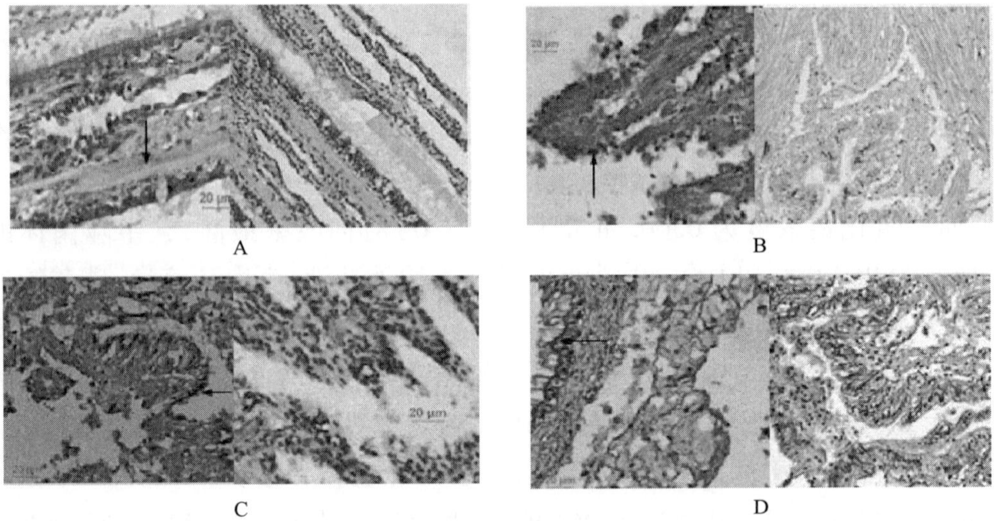

图 4　不同组织免疫组化分析结果

A，腮组织；B，胃肠组织；C，消化盲囊组织；D，外套膜组织，其中左图为诺如病毒污染样本，右图为阴性对照。

此外，利用 RT－PCR 方法进行 NoV、甲肝病毒和轮状病毒在市售牡蛎样本不同组织中分布的验证实验，结果在牡蛎实际样本中也得到与人工污染试验相同的结果，检出阳性率分别是鳃 14.71%、胃肠 13.97%、消化盲囊 13.24% 和外套膜上前纤毛 2.21%[23, 24]。综上所述，鳃是牡蛎中 NoV 等食源性病毒检测最理想的靶位点,为污染贝类的食源性病毒检测积累了实验数据,也为更好地评价贝类食源性病毒污染提供了新思路。

(六) 免疫磁珠富集诺如病毒的研究

为了分析免疫磁珠富集腹泻样本中病毒粒子的灵敏度,进而比较多抗与单抗包被磁珠的富集能力,本实验用 NoV 阳性腹泻样本制备了一系列不同稀释度的病毒样本,通过免疫磁珠富集结合 RT – PCR 反应进行检测,并与传统的 TRIzol 提取样本 RNA 基因组结合 RT – PCR 反应的检测方法进行了比较[25]。单抗包被磁珠结合 RT – PCR 反应(Mab-beads/RT – PCR),可以检测到 10^{-7}稀释度的病毒样本;多抗包被磁珠结合 RT – PCR 反应(Pab-beads/RT – PCR),可以检测到 10^{-5}稀释度的病毒样本;而传统的 TRIzol/RT – PCR 方法可以检测到 10^{-3}稀释度的病毒样本,偶尔可以检测到 10^{-4}稀释度的病毒样本。以上结果说明,当对临床腹泻样本进行 NoV 的检测时,Mab-beads/RT – PCR 的灵敏度比 Pab-beads/RT – PCR 的灵敏度至少高出 100 倍,比传统的 TRIzol/RT – PCR 方法至少高出 1000 倍。同时,为了分析免疫磁珠富集人工污染牡蛎中病毒粒子的灵敏度,研究还比较了多抗与单抗包被磁珠的富集能力。结果显示,Mab-beads/RT – PCR 法可以检测到 10^{-5}稀释度的病毒样本;Pab-beads/RT – PCR 法可以检测到 10^{-4}稀释度的病毒样本;而传统的 TRIzol/RT – PCR 方法可以检测到 10^{-3}稀释度的病毒样本,偶尔可以检测到 10^{-4}稀释度的病毒样本。以上结果说明,当进行人工污染牡蛎中 NoV 的检测时,Mab-beads/RT – PCR 的灵敏度比 Pab-beads/RT – PCR 的灵敏度至少高出 10 倍,比传统的 TRIzol/RT – PCR 方法至少高出 100 倍。

为了比较三种方法检测实际临床样本的能力,本研究将以上三种方法对 46 份临床腹泻样本(NoV 阳性)进行检测。Mab/RT – PCR 法与原结果的吻合率最高,达到 87.0%(40/46),其次是 Pab/RT – PCR 法,吻合率为 73.9%(34/46),TRIzol/RT – PCR 法的吻合率最低,为 65.2%(30/46)。TRIzol/RT – PCR 法、Pab/RT – PCR 法的阳性结果与 Mab/RT – PCR 法的结果一致,46 份样本中有 6 份样本通过三种方法检测始终呈阴性结果。同时,本研究还将以上三种方法应用于检测 156 份实际市售牡蛎样本。当进行实际牡蛎样本的检测时,Mab/RT – PCR 法的检出率最高,在 156 份牡蛎样本中共检测到 7 份呈 NoV 阳性,检出率为 4.49%(7/156);其次是 Pab/RT – PCR 法,检出率为 3.21%(5/156);TRIzol/RT – PCR 法的检出率最低,为 1.28%(2/156)。Pab/RT – PCR 法、TRIzol/RT – PCR 法检测到的阳性样本同样可以被 Mab/RT – PCR 法检测到。

三、河涌水及贝类中食源性病毒污染水平监测

广州市区内水系密布,共有河涌 231 条流经市区进入珠江主河道,据民盟广

州委员会的相关调查显示，珠江在广东流域生活污染为主要污染来源。因此，为了掌握珠江广州段河涌水体的食源性病毒污染状况，本研究对10处河涌水进行了为期一年的监测。结果显示，四种病毒的总阳性数42个，总阳性率为37.8%。其中甲肝病毒检测呈阳性样本15个(13.5%)，诺如病毒检测呈阳性样本11个(9.9%)，轮状病毒检测呈阳性样本12个(10.8%)，星状病毒检测呈阳性样本4个(3.6%)。此外，以牡蛎为主的双壳滤食性贝类是NoV等食源性病毒的重要传播媒介，往往在过滤食物的同时起到富集病毒的作用。为了更好地提高我国水产贝类的出口额，加大与贝类生产相关的食品安全基础研究工作的力度，本研究对我国水产市场市售贝类中的食源性病毒污染状况进行调研，评估贝类中的病毒污染情况。我们按照五个梯度逐级进行调研，分别是广州市(广州市黄沙水产市场)，广东省五市(深圳市、韶关市、湛江市、汕头市、河源市)，华南三省六市(海口市、三亚市、北海市、南宁市、福州市、厦门市)，长江以南五省六市(上海市、合肥市、南昌市、武汉市、成都市、昆明市)，长江以北五省六市(兰州市、哈尔滨市、西安市、太原市、北京市、济南市)。本次全国性的食源性病毒污染调查采集的3824份贝类样品中，检出食源性病毒污染率如下：诺如病毒1.23%(47/3824)、轮状病毒0.05%(2/3824)、甲肝病毒2.80%(107/3824)和星状病毒1.80%(69/3824)。虽然本调查的几种病毒总体上平均污染率相对较低，但是每个地区都会存在部分批次采集样品污染率较高的样品，如污染率最高时为：诺如病毒(14.44%)、甲肝病毒(30.00%)、星状病毒(21.67%)、轮状病毒(3.33%)。从本次全国28个城市的贝类样品的食源性病毒污染调查结果看，食源性病毒在贝类体内的污染会对很多消费者造成巨大潜在的危害，需要引起政府卫生部门、企业、消费者和科研工作者的重视。

四、诺如病毒次衣壳蛋白VP2功能研究

诺如病毒的主要衣壳蛋白VP1可以在体外自动组装形成病毒样颗粒，但作为较小结构蛋白的VP2，其在病毒粒子中的功能尚不明确，研究VP2蛋白在病毒样颗粒稳定性中的作用，具有重要的理论价值[26, 27]。本研究利用杆状病毒表达系统，分别构建了表达VP1蛋白、VP2蛋白的重组杆状病毒AV-VP1与AV-VP2，用AV-VP1感染sf9细胞，或用AV-VP1、AV-VP2共感染sf9细胞，分别获得了不含VP2蛋白的病毒样颗粒VLP，以及含有VP2蛋白的病毒样颗粒VLPs，将两种病毒样颗粒分别用pH 2~8的磷酸盐缓冲液作用，通过圆二色谱仪分析两种病毒样颗粒的二级结构含量变化，结果表明，在pH 2~7的条件下，两种病毒样颗粒的二级结构变化不明显；在pH 8的条件下，VLP的α-螺旋含量下降27.3%，β-折叠的含量下降15.8%，无规卷曲的含量升高37.5%；VLPs的

α－螺旋含量下降 9.1%，β－折叠的含量下降 5.3%，无规卷曲的含量升高 9.1%；VLPs 二级结构的变化小于 VLP 的变化，说明 VP2 可以在一定程度上稳定 VLP 在碱性条件下的二级结构（图 5）。

将两种病毒样颗粒分别用浓度为 0.2 mg/L、0.4 mg/L 的臭氧水处理，通过圆二色谱仪分析两种病毒样颗粒的二级结构含量变化，结果表明，当用浓度为 0.2 mg/L 的臭氧水处理后，VLP 的 α－螺旋含量下降 27.3%，β－折叠的含量下降 21.1%，无规卷曲的含量升高 46.8%；VLPs 的 α－螺旋含量下降 9.1%，β－折叠的含量下降 12.3%，无规卷曲的含量升高 25%。当用浓度为 0.4 mg/L 的臭氧水处理两种病毒样颗粒之后，VLP 的 α－螺旋含量下降 45.5%，β－折叠的含量下降 33.3%，无规卷曲的含量升高 75%；VLPs 的 α－螺旋含量下降 27.3%，β－折叠的含量下降 26.3%，无规卷曲的含量升高 56.3%。VLPs 二级结构的变化小于 VLP 的变化，说明 VP2 可以在一定程度上稳定 VLP 在臭氧水中的二级结构。本研究分析了 VP2 蛋白对 NoV 病毒样颗粒二级结构的影响，明确提出了 VP2 蛋白可以在一定程度上稳定 NoV 病毒样颗粒的二级结构。

五、GII.4 型诺如病毒衣壳蛋白进化机制探索

作为 RNA 病毒，诺如病毒极易变异，其中主要流行株 GII.4 型自 2000 年后每隔两三年就产生变异株并引起新一轮传播，因此其也被称为“肠胃炎流感”[28]。近年来我国 NoV 疫情频繁暴发，对抗病毒研究提出了更紧迫的要求，然而 NoV 体外复制体系的缺乏增加了病毒研究的困难。随着分子生物学的发展，NoV 序列信息不断积累，已经成为病毒进化及抗病毒研究的基础[29, 30]。本研究收集了 518 条 GII 型 NoV 基因组序列，针对各蛋白区进行同源性分析，其中 P2 区、VP2 蛋白与 p22 蛋白显示最易变异；同时，计算了不同区域的同义突变率和非同义突变率，结果显示，各区域的 Ks 值较恒定，但 P2 区、VP2 蛋白和 p22 蛋白显示为病毒进化热点区域；根据高变异区域构建了系统发育树，结果显示，VP1 与 VP2 的发育树拓扑构型较一致，两者可能存在共进化现象，而 p22 的发育树则存在一定的差异。此外，研究还以数据库中筛选得到的 957 条 GII.4 型 NoV 衣壳蛋白序列为对象，通过多重比对从中挑选并分类不同特征的信息位点，构建各基因簇的共有序列；借助同源建模，考察不同信息位点在病毒衣壳蛋白的分布，并计算各位点的裸露表面积变化情况及备选氨基酸种类，同时在已知四种抗原表位的基础上预测了新表位 B2、F，表位的变异将导致 GII.4 型流行株的更替，是 NoV 进化研究的热点区域（图 5）。

预测表位	A						B		B2		D			E			F			
位点	294	296	297	298	368	372	340	376	377	378	393	394	395	407	412	413	352	355	356	357
GⅡ.4-2012	T 122.0	S 32.7	R 119.3	N 41.8	E 100.2	D 52.6	T 120.6	E 45.6	A 59.9	N 129.9	S 104.3	T 101.2	T 101.1	S 60.3	N 98.1	T 76.7	Y 83.5	S 39.8	A 71.8	D 70.4
GⅡ.4-2009	P 117.7	S 32.9	R 122.4	N 41.8	A 53.3	D 58.6	T 109.6	E 45.4	T 83.6	N 128.2	S 98.4	T 64.4	T 45.3	S 59.9	N 101.4	I 85.9	Y 90.7	S 40.1	A 72.4	D 70.2
GⅡ.4-2007b	P 121.7	S 32.9	R 122.4	N 41.8	A 53.7	D 58.2	A 96.9	D 61.5	A 61.3	N 129.7	D 152.7	T 76.6	A 74.3	S 60.1	N 109.8	S 59.7	Y 91.2	S 39.8	A 72.2	D 70.4
GⅡ.4-2007a	A 91.8	S 32.7	R 122.8	N 41.8	A 53.1	D 59.0	S 110.6	E 45.3	S 78.5	G 59.0	S 104.2	T 101.4	T 101.3	N 68.6	T 102.2	G 26.9	L 66.7	S 39.2	A 72.7	D 70.4
GⅡ.4-2006b	A 91.8	S 30.4	R 118.8	N 37.5	S 70.4	E 81.0	G 76.3	E 45.6	T 84.3	H 152.8	S 104.2	T 101.2	T 101.3	S 60.3	N 105.3	V 72.4	Y 90.0	S 42.3	A 60.1	P 47.5
GⅡ.4-2006a	A 89.6	T 46.7	Q 89.5	E 57.1	S 65.3	S 43.3	R 222.3	E 45.8	T 89.1	G 64.1	S 103.8	T 101.4	T 96.7	N 68.6	D 103.5	S 60.1	S 41.0	S 42.8	V 80.2	H 86.4
GⅡ.4-2005	P 111.4	T 53.1	R 123.5	T 28.1	A 58.5	D 58.4	G 76.1	E 45.8	T 89.1	G 60.5	S 126.9	S 67.6	A 80.8	D 53.2	T 88.8	V 72.0	S 41.0	S 43.6	V 88.4	D 62.7
GⅡ.4-2004	A 89.6	T 50.8	Q 88.6	N 34.8	S 69.9	S 43.3	R 222.3	E 45.6	T 88.9	G 63.9	S 104.1	T 101.4	T 96.4	D 53.0	D 103.1	S 58.8	S 41.0	S 42.8	V 80.5	H 87.3
GⅡ.4-2003	A 91.8	S 32.7	R 122.4	N 37.0	S 69.9	D 58.6	A 96.6	Q 59.4	P 88.6	G 65.0	D 136.3	- -	R 177.6	D 53.2	T 103.3	G 25.8	S 41.0	S 42.8	V 80.5	H 87.3
GⅡ.4-2002	A 89.6	T 44.9	H 87.1	N 25.5	N 93.9	N 59.0	G 76.1	E 44.9	T 89.3	G 63.9	N 139.3	G 67.1	T 80.2	S 60.1	T 103.3	G 28.7	S 24.3	D 58.7	V 76.6	H 87.9
GⅡ.4-2002cn	A 89.6	T 47.1	H 87.2	D 31.2	T 78.1	N 59.0	G 75.9	E 45.8	T 89.1	G 64.1	N 154.3	S 95.6	T 62.6	N 68.6	T 103.3	G 27.2	S 41.0	S 43.0	V 80.2	H 87.3
GⅡ.4-1995	A 91.8	S 31.4	H 87.2	D 31.8	T 77.7	N 58.6	E 129.6	Q 64.6	T 90.8	G 63.9	N 140.9	- -	N 113.9	N 68.6	T 103.3	G 27.4	S 41.2	S 42.8	V 80.2	H 86.8
GⅡ.4-1987	V 131.5	S 31.4	H 87.4	D 31.8	T 78.1	N 59.0	A 97.1	Q 64.7	T 90.8	G 63.9	D 135.8	- -	H 127.6	N 68.6	T 103.3	G 26.9	S 41.0	S 43.0	V 80.2	H 87.3

图 5　GII. 4 型诺如病毒衣壳蛋白上预测表位分布及氨基酸组成变异情况

六、结语

NoV 在世界范围内频繁暴发流行，我国的感染率也不断上升，已经引起社会的普遍关注。NoV 分布广泛，传染性强，极易引起流行，尤其在医院、学校、军队等场所已引起大范围传播，而且可导致反复感染，美国已将其列为生物恐怖因子。目前，我国已开始加强对 NoV 病原学研究，在诊断方面的研究也取得了一定的进展。欧美各国都致力于食源性病毒检测技术的研究，我国应加快相关领域的科研攻关，探索建立高风险食品中的病毒检测方法，有效地预防和处理食源性病毒引起的重大疫情暴发，对于保障食品安全与健康具有重要意义。

参考文献

[1] Patel MM, Widdowson MA, Glass RI, et al. Systematic literature review of role of noroviruses in sporadic gastroenteritis [J]. Emerging Infectious Diseases, 2008, 14(8): 1224-1231.

[2] Trivedi TK, Desai R, Hall AJ, et al. Clinical characteristics of norovirus-associated deaths: A systematic literature review [J]. American Journal of Infection Control, 2013, 41(7): 654-657.

[3] Teunis PFM, Moe CL, Liu P, et al. Norwalk virus: How infectious is it[J]? Journal of Medical Virology, 2008, 80(8): 1468-1476.

[4] Bert F, Scaioli G, Gualano MR, et al. Norovirus outbreaks on commercial cruise ships: A systematic review and new targets for the public health agenda [J]. Food and Environmental Virology, 2014, 6(2): 67-74.

[5] Borrows CL, Turner PC. Seasonal screening for viral gastroenteritis in young children and elderly hospitalized patients: is it worthwhile[J]? Journal of Hospital Infection, 2014, 87(2): 98 -102.

[6] Sang SW, Zhao ZT, Suo JJ, et al. Report of recombinant Norovirus GII. g/GII. 12 in Beijing, China [J]. PLoS One, 2014, 9(2):.

[7] Xue L, Wu QP, Dong RM, et al. Genetic analysis of Noroviruses associated with sporadic gastroenteritis during winter in Guangzhou, China [J]. Foodborne Pathogens and Disease, 2013, 10(10): 888 -895.

[8] Zhu M, Cui S, Lin L, et al. Analysis of the aetiology of diarrhoea in outpatients in 2007, Henan province, China [J]. Epidemiology and Infection, 2013, 141(3): 540 -548.

[9] Rodriguez-Manzano J, Hundesa A, Calgua B, et al. Adenovirus and Norovirus contaminants in commercially distributed shellfish [J]. Food and Environmental Virology, 2014, 6(1): 31 -41.

[10] Pavoni E, Consoli M, Suffredini E, et al. Noroviruses in seafood: A 9 - year monitoring in Italy [J]. Foodborne Pathogens and Disease, 2013, 10(6): 533 -539.

[11] Laura S, Irene R, Roberta B, et al. Potential risk of Norovirus infection due to the consumption of "Ready to Eat" food [J]. Food and Environmental Virology, 2012, 4(3): 89 -92.

[12] 寇晓霞，吴清平，薛亮. 水源性诺如病毒 [J]. 微生物学通报，2012(4): 536 -543.

[13] Widdowson MA, Sulka A, Bulens SN, et al. Norovirus and foodborne disease, United States, 1991 -2000 [J]. Emerging Infectious Diseases, 2005, 11(1): 95 -102.

[14] 吴清平，刘军义，韦梅良，等. 食源性诺瓦克样病毒检测技术研究进展 [J]. 中国卫生检验杂志，2005(5): 637 -639.

[15] 吴清平，寇晓霞，张菊梅. 食源性病毒及其检测方法 [J]. 微生物学通报，2004(3): 101 -105.

[16] Kou XX, Wu QP, Wang DP, et al. Simultaneous detection of norovirus and rotavirus in oysters by multiplex RT - PCR [J]. Food Control, 2008, 19(7): 722 -726.

[17] 寇晓霞，吴清平，姚琳，等. 四种食源性病毒多重反转录 - 聚合酶链反应检测研究 [J]. 中华流行病学杂志，2008, 29(6): 4.

[18] 寇晓霞，吴清平，王大鹏，等. 多重 RT - PCR 用于临床检测三种胃肠炎病毒的研究 [J]. 微生物学通报，2007(03): 401 -405.

[19] Kou XX, Wu QP, Zhang JM, et al. Rapid detection of noroviruses in fecal samples and shellfish by nucleic acid sequence-based amplification [J]. Journal of Microbiology, 2006, 44(4): 403 -408.

[20] Liu JY, Wu QP, Kou XX. Development of a virus concentration method and its application for the detection of noroviruses in drinking water in China [J]. Journal of Microbiology, 2007, 45(1): 48 -52.

[21] 寇晓霞, 吴清平, 范宏英, 等. 水体中诺瓦克病毒 RT - PCR 检测研究 [J]. 微生物学通报, 2007(4): 650 -653.

[22] 王大鹏, 吴清平, 姚琳, 等. 诺瓦克病毒 ORF2 的原核表达及其产物分析 [J]. 微生物学通报, 2008(7): 1078 - 1083.

[23] Wang D, Wu Q, Yao L, et al. New target tissue for food-borne virus detection in oysters [J]. Letters in Applied Microbiology, 2008, 47(5): 405 -409.

[24] Wang DP, Wu QP, Kou XX, et al. Distribution of norovirus in oyster tissues [J]. Journal of Applied Microbiology, 2008, 105(6): 1966 - 1972.

[25] Yao L, Wu Q, Wang D, et al. Development of monoclonal antibody-coated immunomagnetic beads for separation and detection of norovirus (genogroup II) in faecal extract samples [J]. Letters in Applied Microbiology, 2009, 49(2): 173 - 178.

[26] 姚琳, 寇晓霞, 江艳华, 等. GⅡ型诺如病毒 VP2 蛋白在昆虫细胞中的表达与定位研究 [J]. 微生物学通报, 2012(3): 378 -385.

[27] 吴清平, 姚琳, 张菊梅, 等. 诺如病毒结构蛋白的研究进展 [J]. 病毒学报, 2008(4): 322 -325.

[28] 吴清平, 薛亮, 张菊梅. 诺如病毒流行株 GⅡ.4 型进化研究进展 [J]. 微生物学报, 2012(12): 1431 - 1438.

[29] Xue L, Wu Q, Kou X, et al. A simple and novel method for GII norovirus genome clone with generic primers [J]. Journal of Applied Microbiology, 2013, 115(2): 613 -620.

[30] Xue L, Wu QP, Kou XX, et al. Complete genome analysis of a novel norovirus GII.4 variant identified in China [J]. Virus Genes, 2013, 47(2): 228 -234.

吴清平 研究员是广东省微生物研究所所长、博士生导师、国务院政府特殊津贴专家,广东省微生物学会副理事长、广东省食用菌行业协会会长、中国饮料工业协会矿泉水分会副会长和中国食用菌协会副会长。现为国家食品安全标准审评委员会委员、国家食用菌品种认定委员会委员、全国饮料工业标准化委员会委员和广东省食品安全专家委员会专家。主持制定"十一五"广东省食品安全科技规划、"十二五"广东省食品安全检测与评价技术路线图、广东省食用菌产业技术路线图、国家食品安全技术路线图食品安全控制分路线图。

他长期从事食品微生物安全和食用菌生物工程研究以及生物技术成果转化工作,解决了我国食品工业中微生物安全监控和食用菌大规模生产两项关键性技术问题，在全国进行了成功的大规模推广应用，取得显著经济效益和社会效益，其主持的“食品微生物安全快速检测与高效控制技术”和“食用菌优质高效大规模生产关键技术研究”分别获2010年及2007年国家科技进步奖二等奖。2005年获中国饮用天然矿泉水工业“突出贡献者”、2009年获中国饮料工业优秀科技工作者、2010年获全国优秀科技工作者和全国食用菌行业“突出贡献者”。

木质素两亲聚合物在木质纤维素酶解中的应用

邱学青

华南理工大学化学与化工学院,广东广州

摘　要:木材、竹子、秸秆等木质纤维素中的纤维素和半纤维素可以通过预处理和酶解转变成糖类化合物,再通过生物法或化学法制备生物燃料和其他化学品,但目前仍然存在酶解效率偏低和酶解成本偏高的技术瓶颈问题。本研究揭示了木质纤维素底物中木质素结构对纤维素酶解效率的影响机制;以木质素磺酸盐为助剂通过非共价键改性提高不同木质纤维素底物的酶解效率,并从屏蔽底物中木质素对纤维素酶的无效吸附以及强化纯纤维素的酶解两个角度阐述了木质素磺酸盐的强化酶解作用的机理,然后以酶解木质素残渣为原料合成木质素聚氧乙烯醚非离子表面活性剂用于强化木质纤维素底物的酶解;最后研究了木质素两亲聚合物对木质纤维素高固体系的流变性和酶解效率的影响规律,并采用长链脂肪醇进一步改善高固体系的流变性及提高其酶解效率。

一、木质素表面化学改性促进木质纤维素酶解

首先发现木质纤维素底物在较高 pH(5.5 ~ 6.0)的缓冲液中具有更好的酶解效率,特别是 SPORL 预处理后的软木底物在 pH 5.5 的酶解效率比在 pH 4.8(常用条件)时要高 1 倍以上。研究发现,较高 pH 的缓冲液可以增加底物中木质素的亲水性和负电性,从而削弱木质素与酶的亲和力,进而减少木质素对酶的无效吸附;同时较高的 pH 还可以增大酶的负电性,通过增大与木质素之间的静电斥力减少在木质素上的无效吸附。通过实验证实了不同预处理后的木质纤维素底物因升高缓冲液 pH 值增加的酶解效率是其减少木质素对酶无效吸附的结果。研究结果对全世界普遍接受的优化 pH 为 4.8 ~ 5.0 的观念造成冲击。由于较高的 pH 有利于降低操作成本,因此这些工作不仅具有重要的学术价值,还具有重要的应用价值。

二、木质素两亲聚合物促进木质纤维素酶解

研究了不同来源木质素磺酸盐、不同相对分子质量大小和磺化度的木质素

磺酸盐级份以及木质素聚氧乙烯醚非离子表面活性剂对经过不同预处理(稀酸法、SPORL法、碱法)后木质纤维素(ASPEN硬木和LODGEPOLE PINE软木)底物的酶解的影响规律。结果发现,相对分子质量较小、磺化度较高的木质素磺酸盐对木质纤维素底物酶解具有很好的强化效果;木质素聚氧乙烯醚非离子表面活性剂的强化效果优于木质素磺酸盐。同时还发现,水溶性较好(相对分子质量较小、磺化度较高)的木质素磺酸盐可以促进纯纤维素(Whatman Filter Paper)的酶解;水溶性较差(相对分子质量较高、磺化度较低)的木质素磺酸盐却抑制了纯纤维素的酶解。

三、木质素两亲聚合物的作用机理

采用超滤分级得到4个不同相对分子质量范围的木质素磺酸钠级份,采用石英晶体微天平(QCM-D)测定了4个级份和木质素聚氧乙烯醚非离子表面活性剂(AL-PEG1000)对纤维素酶在木质素薄膜上吸附量的影响。发现4个木质素磺酸盐级份和AL-PEG1000均能减小纤维素酶在木质素上的吸附,并且随着木质素磺酸钠级份相对分子质量的增大,其屏蔽的纤维素酶在木质素上的吸附量也增大;通过与其对酶解效率的影响进行线性拟合提出了木质素两亲聚合物通过屏蔽木质素对酶的无效吸附促进木质纤维素酶解的机理。

通过研究超滤分级得到的4个不同相对分子质量木质素磺酸钠级份对纯纤维素(Whatman Filter Paper)的酶解效率的影响发现,相对分子质量最高且磺化度最低的木质素磺酸盐级份在较低的pH条件下因为存在对纤维素酶的无效吸附抑制了纯纤维素的酶解,其他级份对纯纤维素的酶解具有较强的促进作用,但其促进作用随着酶载量和缓冲液pH的改变而改变。提出了"木质素磺酸盐和纤维素酶形成聚集体强化了酶与纤维素的结合"来解释其强化机理,并通过实验证实了上述观点。

四、木质素磺酸盐对木质纤维素高固酶解的影响

研究了木质素磺酸钠对玉米芯残渣在高固条件(13%)的酶解效率和流变性能的影响规律,结果发现木质素磺酸盐虽然能够促进高固玉米芯浆体的酶解(酶解效率从31.7%提高至54.0%),但是同时提高了高固浆体的剪切应力和复数黏度使得浆体难以搅拌和泵送。高固浆体的酶解效率随着木质素磺酸钠级份相对分子质量的减小而增强,高固浆体的流变性随着木质素磺酸钠级份相对分子质量的增大而变差。通过添加长链脂肪醇的方法不同有效改善了添加木质素磺酸盐的玉米芯高固浆体的流变性,并进一步提高了其酶解效率。另外,还提出了一个模型解释了木质素磺酸盐和长链脂肪醇对木质纤维素浆体流变性的影响机

制。

木质素占木质纤维素的15% ~35%,目前在包括纤维素乙醇在内的生物炼制工艺中残留的木质素主要用作燃料,尚难以得到资源化高效利用。本报告立足于将酶解木质素改性制备木质素两亲聚合物,并用于强化木质纤维素底物的酶解,提高酶解效率、降低酶解成本,不仅可以实现木质素残渣的资源化高效利用,增加其附加值,还可以降低纤维素乙醇等工艺的成本,促进其推广应用。

邱学青 1987年获清华大学学士学位,1990年、1995年分别获华南理工大学硕士、博士学位。现任华南理工大学副校长,博士生导师,享受国务院政府特殊津贴,兼任中国化工学会理事,中国化工学会精细化工专业委员会副主任委员,广东省化工学会副理事长,广东省绿色化学产品技术工程中心主任,广东省绿色精细化学产品工程研究开发中心主任等。

长期从事天然可再生资源——木质素高效利用的化工基础理论和应用研究,在木质素化学、木质素两亲聚合物的溶液行为及木质素的吸附分散机理等研究方面取得较大的进展,在木质素的高效利用方面取得重大进展,取得了显著的经济和社会效益。近10年先后主持了国家杰出青年基金,“973”、“863”科技计划项目,“十一五”国家科技支撑计划,国家国际合作项目,国家自然科学基金,粤港招标,广东省重大科技攻关项目等数十项。科研成果获国家技术发明奖二等奖等国家级奖励3项,省部级奖励8项、国家发明专利30多项。

功能型改性聚丙烯酸酯织物用助剂的制备及性能研究

马建中[1,2]，张文博[1]，高党鸽[1]，周建华[1]

1 陕西科技大学资源与环境学院，陕西西安；

2 轻化工助剂化学与技术教育部重点实验室，陕西西安

聚丙烯酸酯类材料在纺织行业广泛使用，常用于印花和后整理等工序。为提高聚丙烯酸酯类材料性能，通常要对其进行功能化的改性，常见的改性方法有多组分杂化改性技术、交联改性、无机纳米材料改性等。笔者所在课题组长期从事聚丙烯酸酯类复合材料在纺织领域的研究，就聚丙烯酸酯类材料的功能化改性机理及应用效果进行了研究和分析。

常规使用的聚丙烯酸酯涂料印花黏合剂由于使用会释放甲醛的单体为交联剂，使其应用受限。将环氧类交联单体甲基丙烯酸缩水甘油酯（GMA）引入到聚丙烯酸酯印花黏合剂的制备中，优化了乳化剂的用量和配比、乳液的制备工艺以及 GMA 用量，并制备出了乳胶粒均一（见图 1）且甲醛释放量仅为 4.4 mg/L 的环保型聚丙烯酸酯涂料印花黏合剂，最终成功进行了中试生产。

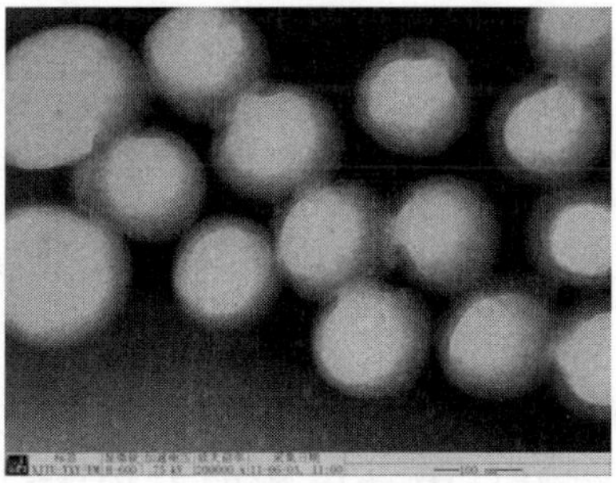

图 1　环保型聚丙烯酸酯涂料印花黏合剂 TEM 照片

除此之外，由于小分子乳化剂的使用，常规的聚丙烯酸酯黏合剂的牢度会受到很大程度的影响。Pickering 乳液是一种不用或少用表面活性剂、依靠固体粒子稳定乳液的体系。采用聚合型表面活性剂烯丙氧基壬基酚聚氧乙烯醚硫酸铵

(DNS-86)和纳米氧化锌共同稳定聚丙烯酸酯的方式制备了聚丙烯酸酯Pickering乳液,并将其用于织物的涂料印花。从图2中可以看出,纳米氧化锌包裹在聚丙烯酸酯乳胶粒的外层,实现了对乳液的稳定作用。应用结果表明,相比于商品黏合剂,聚丙烯酸酯Pickering乳液使得印花织物的干湿擦牢度和黏色牢度各提高了1级,褪色牢度提高了半级,且有一定的紫外屏蔽性。

图2　聚丙烯酸酯Pickering乳液TEM照片

在聚丙烯酸酯乳液中引入含氟单体进行聚合得到的含氟丙烯酸酯聚合物具有拒水拒油性、耐沾污性、耐候性、耐化学溶剂性、热稳定性等优良性能,作为织物的整理剂能够赋予织物优良的拒水拒油性和耐沾污性。含氟丙烯酸酯在氟碳链段较长的情况下才会显示出优异的拒水拒油性能,而长链段的含氟单体难降解,具有生物毒性而被禁用。课题组对聚丙烯酸酯乳液进行核壳结构设计,选用氟烷基碳原子数<8的含氟单体并使其处于壳层,即可以获得优异的表面性能,也可以提高氟单体的利用率,降低成本。同时在乳胶粒的外层引入SiO_2,利用纳米SiO_2形成的粗糙表面和含氟低能表面相结合,制备出了核壳型纳米SiO_2/含氟聚丙烯酸酯织物整理剂。图3为核壳型纳米SiO_2/含氟聚丙烯酸酯乳液的TEM照片,可以看出该乳胶粒呈球形,粒径约为80 nm。乳胶粒具有明显的核壳结构。对乳液成膜进行了EDX分析,膜表面平均氟元素含量为6.34%,高于膜中氟元素平均含量5.7%,表明氟元素向膜表面进行了迁移。通过对膜表面进行AFM的表征发现,加入SiO_2后膜的粗糙度由1.20 nm提高到1.44 nm。将乳液用于织物的防水防油整理,结果表明,织物与水的接触角为160°,与油(二碘甲烷)的接触角为88°。防水等级为90分,防油等级为5级。

抗菌整理是一种控制纺织品中微生物的有效方法,可防止织物降解及减少气味的产生,为人类提供一种安全卫生的生活环境。常用的有机抗菌剂和无机抗菌剂,存在抗菌效果持久性弱、水洗牢度差的缺点。分别采用共混法和原位法将季铵盐聚合物和氧化锌复合制备了有机-无机复合抗菌剂,发挥协同抗菌效应,同时在聚合物中引入环氧类单体以提高复合抗菌剂的抗菌持久性和水洗牢度,其机理如图4所示。复合抗菌剂用于棉织物整理,结果表明,整理后棉织物抗

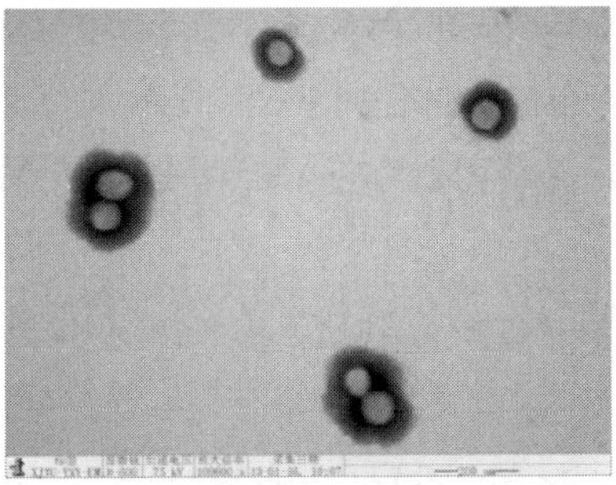

图 3 核壳型纳米 SiO_2/含氟聚丙烯酸酯无皂乳液的 TEM 照片

菌率达 99% 以上，洗涤 10 次（家用洗衣机洗涤 50 次）后，抗菌率仍可以达 75% 以上，具有耐洗牢度好、可长效使用且整理后织物表现出一定的抗紫外效果。

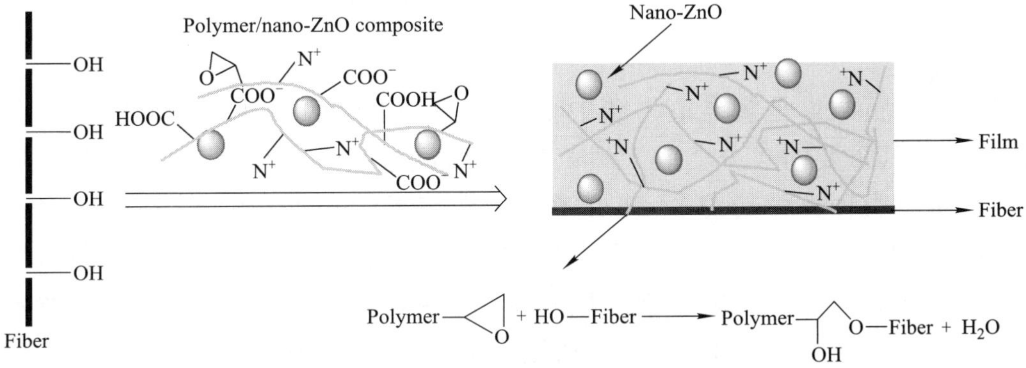

图 4 复合抗菌剂与棉织物作用机理

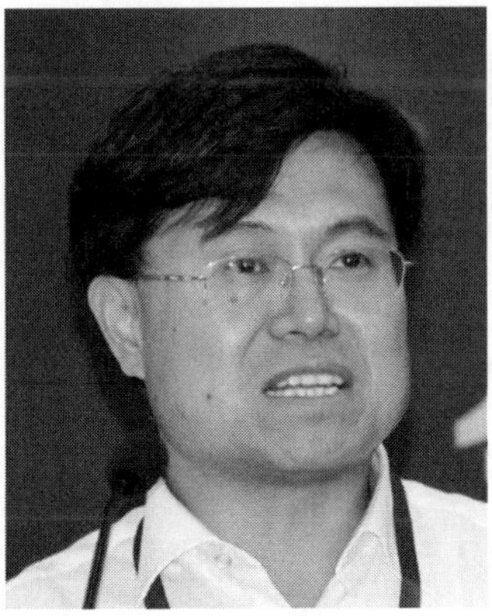

马建中 教授，博士生导师，陕西科技大学副校长，享受国务院特殊津贴。国家技术发明奖二等奖（排名第一），国家科技进步奖二等奖（排名第一），陕西省先进工作者，陕西省优秀留学归国人员，教育部新世纪优秀人才支持计划获得者。兼任国务院学位委员会学科评议组成员，教育部科技委化学化工学部委员，教育部教学指导委员会委员，中国工程院产业工程科技委员会轻工绿色化学品研究开发促进会副理事长，中国皮革协会技术委员会主任，中国洗协科技委副主任委员，全国工业表面活性剂理事会副理事长，西安纳米科技学会副理事长，《皮革科学与工程》杂志副主编，《中国皮革》杂志编审，《日用化学工业》等杂志编委。

生物转化制备淫羊藿素等高活性黄酮类关键技术及应用

金凤燮[1],鱼红闪[1],刘春莹[1],张春枝[1],芦明春[1],孙长凯[2],徐龙权[1],宋建国[1]

1 大连工业大学生物工程学院,辽宁大连;
2 大连医科大学脑疾病研究所,辽宁大连

摘　要:黄酮类是多半植物和中草药的一类重要的活性成分,是中药、食品和化妆品极其重要的成分。但天然黄酮活性低、难吸收,酶转化法可制备高活性成分;但黄酮类种类极其繁多,现有微生物和酶无法解决。为此,筛选了多种产黄酮苷酶新微生物,建立极端发酵产酶方法;解决了"用酶转化法制备高活性淫羊藿素,制备高活性的异槲皮素和槲皮素、黄芩素和大豆异黄酮"的关键技术以及其设备系统;产品用于保健食品、功能化妆品和中草药开发。

关键词:黄酮类;特异的黄酮苷酶;新微生物;生物转化;淫羊藿黄酮;异槲皮素;黄芩素;大豆异黄酮

Production of High Active Flavonoids including Icaritin by Biotransformation

Fenxie Jin[1], Hongshan Yu[1], Chunying Liu[1], Chunzhi Zhang[1], Changkai Sun[2], Mingchun Lu[1], Longquan Xu[1], Jianguo Song[1]

1 College of Biotechnology, Dalian Polytechnic University, Dalian, China; 2 Liaoning Provincial Key Laboratory of Brain Diseases, Dalian Medical University, Dalian, China

Abstract: Flavonoids are important ingredients of most plants and Chinese herbal medicine. They are extremely important for Chinese traditional medicine, food and cosmetics. However, natural flavonoids have low-active structure and can be hardly-absorbed by human bodies; the natural flavonoids can be converted to higher active ingredients by biotransformation. On the other hand, flavonoids have an extremely wide range of varieties, and the existing microbes and enzymes cannot solve the natural flavonoid convertion. Therefore, in this research, new microbes producing flavonoid glycosidases were isolated; and the enzyme fermentations of epimedium-flavone-glycosidase, rutin-glycosidase, baicalin-glucuronidase, soyaisoflavoidase were developed. Using these enzymes, the production methods of higher active flavonoids such as Icaritin, Isoquercetin and Quercetin, Baicalein, and isoflavone were developed. The products are used in health foods, functional cosmetics, and Chinese herbal medicine development

Key words: Flavonoids; flavonoid-glycosidase; new-strain; biotransformation; icaritin; isoquercetin; baicalein; isoflavonoid

一、引言

黄酮类化合物(flavonoids)是在植物界广泛存在的活性成分,是中药、食品和化妆品极其重要的活性成分,大多呈黄色或淡黄色而被称为黄酮;基本母核为2－苯基色原酮(2－phenylchromone):

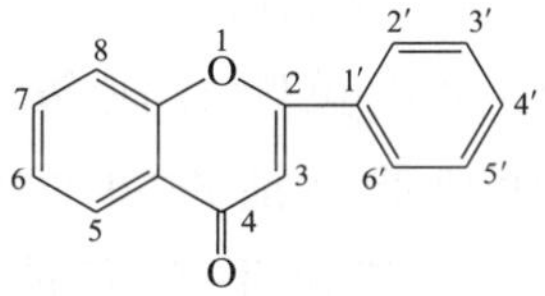

黄酮母核各部位可被各种基团所取代,所取代的基团可以是羟基、碳链和各种糖类;根据所取代基团和糖基种类、数量、连接位置和连接方式不同,形成了数目极多、结构各异的黄酮苷类化合物;因此,黄酮是中药、食品和化妆品极其重要的活性成分[1]。

黄酮苷类化合物,不仅是食品的主要生理功能成分之一,又是食品色香味的主要功能成分之一。

黄酮苷类化合物,也是中药的一类极其重要的有效成分,具有多方面的生物活性:如葛根总黄酮及葛根素(puerarin)、银杏叶总黄酮等具有扩张冠状血管作用;芦丁(rutin)、橙皮苷(hesperidin)、d－儿茶素(d-catechin)等具有降低毛细血管脆性和异常通透性作用,可用作毛细血管出血的止血药及动脉硬化的辅助药;水飞蓟素(silymarin)等有肝保护作用,用于治疗肝炎及多种中毒性肝损伤等疾病;异甘草素(isoliquiritgenin)及大豆素(daidzein)等,可解除平滑肌痉挛;杜鹃素(farrerol)、川陈皮素(nobiletin)、槲皮素具止咳祛痰作用;大豆异黄酮类具有雌激素作用;黄芩苷(baicalin)、黄芩素(baicalein)以及槲皮素、桑色素(morin)等具有抗菌、抗病毒作用;淫羊藿素(icaritin)、牡荆素(vitexin)等具有很强的抗肿瘤作用。

黄酮类化合物又是化妆品中广泛采用的促进皮肤胶原蛋白合成、抗皮肤老化、抗氧化、防紫外线、美白、抗红斑、抗炎、保护皮肤的功能成分。

但是,天然黄酮类化合物一般活性低;作为中草药成分的苷类,口服后,在消化系统的微生物与酶的作用下,苷类糖基被水解变成高活性成分之后,吸收,起药效;但是人体肠道转化非常有限,大部分很难利用[2,3]。因此,体外酶水解天然黄酮苷类糖基,制备高活性成分,对中草药、保健食品、功能化妆品意义重大。

要转化天然黄酮苷,制备高活性成分,在传统中药加工中往往采用采集堆积(发酵)、晒干、炮制、煎制等方法,只能很少部分中草药天然成分转化为高活性成分;但是这种转化非常有限、盲目;化学法副产物多、污染大。

生物转化法效果好,但是黄酮类化合物种类甚多,现有的微生物、酶无法解决"低活性天然黄酮生物转化为高活性成分"问题,必须筛选新微生物和新酶。

为此,本课题组从自然界筛选产黄酮苷酶的微生物、研究产酶发酵,建立酶转化法,从淫羊藿中含量高的淫羊藿黄酮苷制备高活性淫羊藿素、从大豆异黄酮制备高活性的苷元、从黄芩苷制备高活性黄芩素、从芦丁制备高活性的异槲皮素和槲皮素的方法;并建立了酶转化生产多种高活性黄酮类的兼容性设备系统。

二、产黄酮苷酶的新微生物筛选、分类鉴定

生物转化法从低活性天然黄酮生物制备高活性成分,效果好;但是黄酮类化合物种类甚多,现有的微生物、酶无法解决生物转化问题;为此,需要筛选新微生物。自然界筛选产黄酮苷酶的微生物方法,类似于产皂苷酶的微生物筛选方法[4]。从土壤、森林地、河水筛选单一微生物菌落,确认其菌落是否产黄酮苷酶,对其中产酶较好的菌,再进行分类鉴定,确定其新微生物的属名和种名。

(一) 新微生物筛选

自然界的大部分微生物处于休眠状态,或者目的微生物数量很低,因此本研究采用两种方法筛选微生物:富集培养 4 – 5 代后分离单菌落;另一种方法是,将土壤样品稀释、涂布在低营养的培养皿的固体培养基上,长时间培养(培养 1 ~ 3 个月)方法,得到单菌落。为了保险起见,将所得到的单菌落在培养皿的固体培养基里重新分离单菌落,测定其 16S rRNA 基因序列,与在 NCBI(http://www.ncbi.nlm.nih.gov/)的基因库(GenBank)上所登录的已知菌比较。一般来说,16S rRNA 基因序列同源性(相似度)为 95% 以下的菌,直接能确定为新属(new genus)微生物;同源性在 95% ~ 97% 的菌,直接能确定为新种(new species);同源性为 97% ~ 99% 的菌,借助分子杂交判断是否为新菌,碱基序列与已知菌基本不配对的为新菌。由此,筛选了 16S rRNA 基因与已知菌相差较大的一些菌,鉴定其产黄酮苷酶的功能。

(二) 新筛选菌产黄酮苷酶功能的确认

上述新筛选微生物,随培养基不同、诱导物不同,所产的天然成分转化酶的种类也不同。新筛选的菌种中,选择 16S rRNA 基因同源性与在 GenBank 库中所登录的已知菌相差较大的如下 20 种菌株,研究其产黄酮苷酶的功能。分别在 1% 的 Trypton、0.5% 的酵母膏、1% 的 NaCl 和 0.02% 淫羊藿提取物的培养基中培养 3 ~ 5 天,离心取上清,与 2% 的淫羊藿苷反应 15 h。结果如图 1 所示。

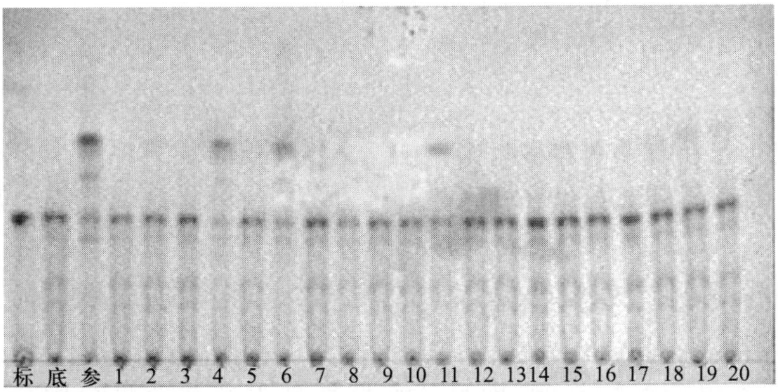

图 1　新筛选的 20 种菌发酵液淫羊藿苷酶活力酶活的 TLC 图

标,淫羊藿苷标准品;底,底物;参,淫羊藿素、淫羊藿次苷、淫羊藿苷的混合物;1 – 20,分别为 20 种新菌产酶液对淫羊藿苷的水解。TLC 点样量为 10 μL;紫外灯下观察;展开剂为乙酸乙脂:丁酮:甲醇:水 = 10:1:1:1

从图 1 中可以看到:4,6,11 号菌,明显水解淫羊藿苷变成淫羊藿素,其中 4 号菌酶活力最高。

采用同样的方法,改变菌、培养基和产酶诱导物的方法,可以找到其他产生大豆异黄酮、芦丁、黄芩等黄酮苷酶的菌;对其产黄酮苷酶的有用菌进行分类鉴定,确定是否为新菌,并命名。

(三) 有用菌的分类鉴定

上述新筛选菌中,选择高产黄酮苷酶的有用菌,对其分类鉴定,确定是否为新微生物。按照国际微生物协会的新发现菌规定;新发现菌,命名新微生物属(Genus)名和种(Species)名,确定模式菌(Type strain),寄存在国际微生物协会认可的菌种保藏所、编入保存号,刊登在国际微生物协会新菌期刊 *Int J Syst Evol Microb*(*IJSEM*)上,定为国际微生物协会认可的新微生物。

对作者课题组分离筛选、分类鉴定的产黄酮苷酶的 5 种新菌(这些菌除了产黄酮苷酶之外,改变条件也可以产其他酶),命名其属名和种名,确定模式(代表)菌,保存在国际认可的保藏所,刊登在 *Int J Syst Evol Microb*(*IJSEM*)上;这 5 种新菌如下[5-10]。

Clostridium thermocopriae sp. nov. 菌:*Int J Syst Bact*, 1988, 38: 279-281,模式菌(Type strain),JT3-3;保藏编号 IAM 13577,日本东京大学菌种保藏所。

与韩国合作,从吉林、辽宁和韩国土壤等中发现新菌如下。

Kaistia granuli sp. nov. 菌:*Int J Syst Evol Microb*, 2007, 57: 2280-2283;模式菌(Type strain),Ko04^T,保藏所 KCTC 12575^T = LMG 23410^T(KCTC, Korean Collection for Type Cultures,韩国菌种保藏所)。

Emticicia ginsengisoli sp. nov. 菌:*Int J Syst Evol Microb*, 2008, 58: 1100-1105;模式菌(Type strain),Gsoil 085^T,保藏所 KCTC 12588^T = LMG 23396^T。

Hymenobacter daecheongensis sp. nov. 菌:*Int J Syst Evol Microb*, 2009, 59: 1183-1187;模式菌(Type strain),Dea 14^T,保藏所 KCTC 22258^T = LMG24498^T。

Rhadanobacter panaciterrae sp. nov. 菌:*Int J Syst Evol Microb*, 2011, 61: 3028-3032;模式菌(Type strain),LnR 5-47^T,保藏所 KCTC 22232^T = LMG 24460^T。

这些新菌不仅产黄酮苷酶,而且改变培养基也产其他中药成分转化酶;不仅为国际微生物学增添了 5 种新微生物,也为改变天然黄酮生产高活性成分,提供新微生物来源。

三、从淫羊藿黄酮苷、酶转化制备高活性的淫羊藿素（发明专利：ZL03133635.3）

淫羊藿为小蘖科淫羊藿属植物。中国药典规定的常用淫羊藿是：淫羊藿（*Epimedium brevicornum* Maxim）、箭叶淫羊藿（*Epimedium sagittatum*（Seib. et Zucc.）Maxim.）、巫山淫羊藿（*Epimedium Umshanense* T. S. Ying）、柔毛淫羊藿（*Epimedium pubescens* Maxim.）、朝鲜淫羊藿（*Epimedium koreanum* Nakai）等草药的地上部分，具有补肾、强筋骨、祛风湿等功能。

淫羊藿的主要活性成分是淫羊藿黄酮，其含量一般为5%；淫羊藿黄酮与其他黄酮结构上的最大区别是，第8位碳上带有异戊二烯基[10]。目前已知的淫羊藿黄酮有40余种，但是80%～90%以上的淫羊藿黄酮苷为带2个糖基的淫羊藿苷（Icariin）、带3个糖基的朝藿定（Epimedin）A、B、C等[10]；其结构如图2所示。

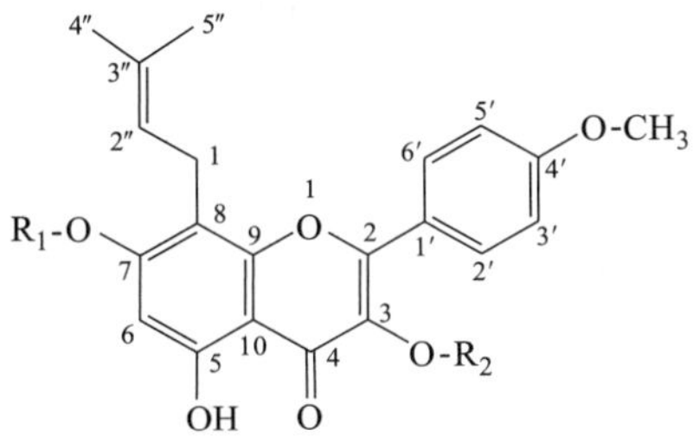

淫羊藿黄酮	R1（7－*O*－基团）	R2（3－*O*－基团）	
朝藿苷A（Epimedin A）	－D－Glc－	－D－Glc－（1→2）－	－L－Rha－
朝藿苷B（Epimedin B）	－D－Glc－	－D－Xyl－（1→2）－	－L－Rha－
朝藿苷C（Epimedin C）	－D－Glc－	－L－Rha－（1→2）－	－L－Rha－
淫羊藿苷（Icariin）	－D－Glc－	－L－Rha－	

图2　淫羊藿中含量高的淫羊藿黄酮及其结构

这些含量高的淫羊藿黄酮活性低、难吸收；口服后，在肠道转化为低糖基或者没有糖基的淫羊藿素，吸收起药效；淫羊藿素活性高，容易吸收，具有很好的抗癌、抗骨质疏松、抗血栓、抗衰老、提高免疫、抗炎、保护皮肤等功能[11,12]；但是天然淫羊藿中淫羊藿素含量极少。

因此，淫羊藿中含量高的低活性黄酮苷，转化为高活性的淫羊藿素，对药物、保健食品和功能化妆品的开发意义很大。为了得到淫羊藿素等高活性成分，目前主要采用如下的方法:① 在传统中药加工过程中,采用炮制、煎制等的方法提高淫羊藿素的含量;但其方法太盲目,转化效率低;② 采用酸碱处理等方法从淫羊藿黄酮制备淫羊藿素,但是淫羊藿素结构复杂,副产物多,污染大;③ 化学合成法,由于淫羊藿素结构复杂,该方法难度大、污染大;④ 生物酶转化法,专一性强,效果好(作者 2006 年授权发明专利:ZL03133635.3)。

下面主要介绍酶转化法制备高活性的淫羊藿素方法。

(一)特异的淫羊藿黄酮苷酶

为了酶转化得到高活性淫羊藿素,采用上述新微生物和重要的已知菌发酵,育种了高产淫羊藿黄酮苷酶的生产菌,其生产菌的淫羊藿苷酶的发酵液,用离子交换柱、凝胶柱、分子筛等的分离方法,分离纯化得到纯的酶蛋白,其分离提纯的淫羊藿苷酶,经蛋白色谱 HPLC 检测为单峰,在 SDS - 凝胶电泳上为单带,说明得到纯酶;其酶蛋白分子质量约为 75 kDa,如图 3 所示。

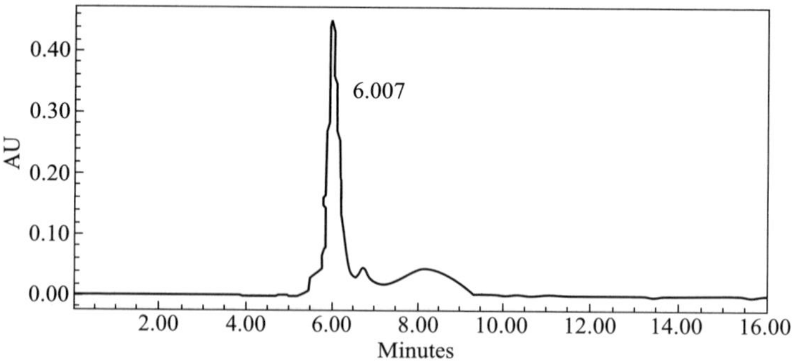

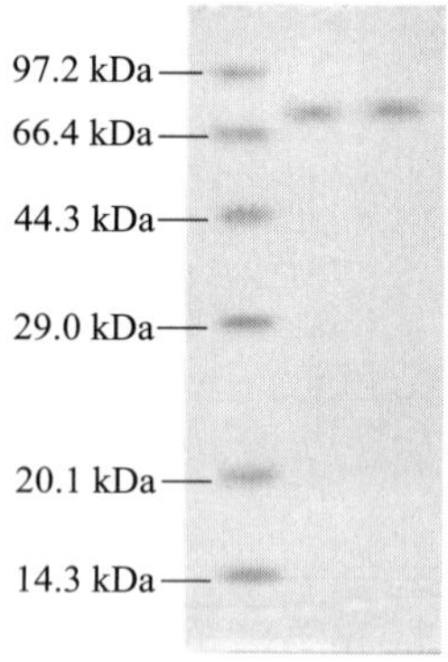

图 3 提纯的淫羊藿苷酶的 HPLC 和 SDS - PAGE

提纯酶能水解淫羊藿苷(Icariin)、朝藿定(Epimedin)A、B 和 C 分子的葡萄糖基、木糖基、鼠李糖基等多种糖基,如图 4 所示。

从图 4 可以看到,淫羊藿苷酶能水解朝藿定 A、B、C 的 3 - O 位置的 Glc,Xyl,Rha 等糖基,也能水解淫羊藿苷的 7 - O 位置的 Glc、3 - O 位置的 Rha 糖基等,说明淫羊藿苷酶能水解淫羊藿黄酮的葡萄糖基、木糖基、鼠李糖基等多种糖基,不同于国际酶学会(Enzyme Nomenclature Committee of International Union of Biochemistry and Molecular Biology, NC - IUBMB described in http://www.chem.qmul.ac.uk/iubmb/enzyme)描述的 180 余种糖苷酶:一种酶水解一种糖基(糖苷键)的普遍规律,是一种特异的新苷酶。

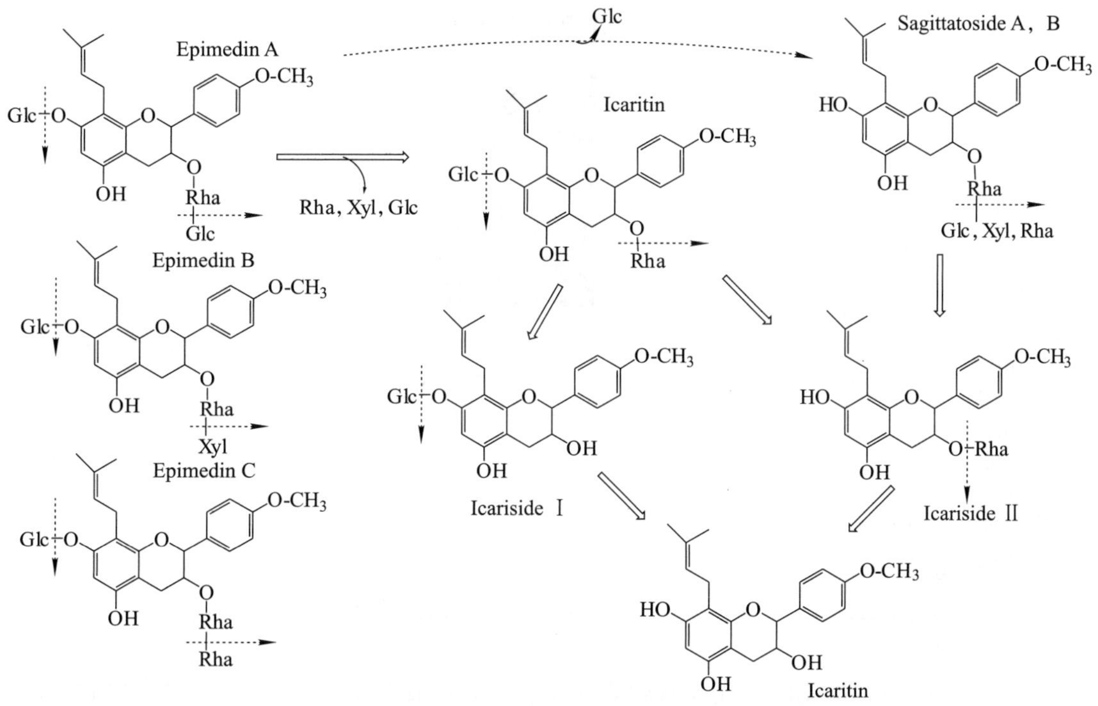

图 4　提纯的淫羊藿苷酶与朝藿定 A、B、C 和淫羊藿苷的反应

（二）酶转化生产高活性淫羊藿素

为了产业化生产，育种了高产淫羊藿苷酶的生产菌；发现该菌在淀粉酶、蛋白酶等发酵条件下几乎不产淫羊藿苷酶，只有在极端恶劣发酵条件下才产酶；建立了极端发酵生产淫羊藿苷酶的发酵方法。同时，发现该菌生产的淫羊藿苷酶，抗有机溶剂；据此，酶反应后采用有机溶剂沉淀法回收酶，建立了酶不用固定化、重复使用的方法。

在反应器中，在 40℃、4% ~5% 的淫羊藿黄酮与酶反应 17 h，离心收集淫羊藿素沉淀，精制得到高活性淫羊藿素产品；其上清用有机溶剂沉淀酶蛋白，溶解于缓冲液成回收酶液，可重复使用，酶回收率 70% 以上。其反应结果如图 5 所示。

从图 5 中可以看到，4% ~5% 的淫羊藿黄酮与酶反应 17 h 后，95% 的底物淫羊藿苷转化为淫羊藿素。其产品、淫羊藿素得率为理论得率的 90% 以上，HPLC 纯度 99%；其技术指标远高于其他报道。产品用于抗癌药物开发、功能食品、化妆品。

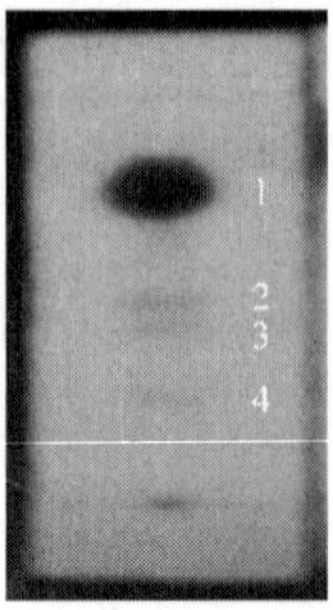

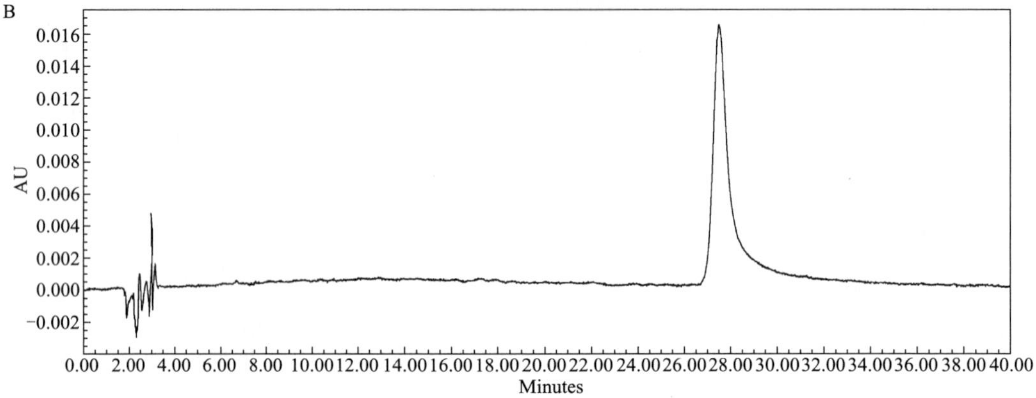

图 5　淫羊藿苷酶反应生成淫羊藿素(A)、淫羊藿素精制产品纯度的 HPLC(B)

A,反应 17 h 的 TLC;1,淫羊藿素产物;2 和 3,中间产物淫羊藿次苷;4,没反应完的淫羊藿苷

四、其他的黄酮苷酶

本课题组也开发了水解芦丁转化为异槲皮素和槲皮素的芦丁苷酶,黄芩苷转化为抗艾滋病病毒的黄芩苷酶、大豆异黄酮苷酶等;利用这些酶,生产了高活性的异槲皮素和槲皮素、黄芩素、大豆异黄酮苷元。

(一) 酶转化制备高活性的异槲皮素和槲皮素(发明专利:ZL03133636.1)

芦丁(Rutin)是槐花、芸香、荞麦、沙棘、山楂、蒲公英、桉树叶的主要活性成分,在槐花中含量最高,可达 20%。芦丁具有抗疲劳、耐缺氧、降压、抗辐射、抗炎作用,治疗各种出血性疾病,如便血、尿血、吐血、子宫出血、视网膜出血。但是芦丁含 2 个糖基,活性低,口服后在肠道降解成异槲皮苷(Isoquercetin)和槲皮素(Quercetin),然后被吸收、起作用;但这种转化很有限,大部分不能吸收[2]。而异槲皮素和槲皮素生理活性远高于芦丁,但是植物中异槲皮素和槲皮素非常低,因此生物转化制备高活性的异槲皮苷和槲皮素,对中草药、功能食品和化妆品意义重大。

因此,本课题组开发了酶转化制备高活性异槲皮素和槲皮素的方法(图6),弄清了其酶的功能和特点[13];产品纯度95%。产品已出口和内销,用于功能食品、化妆品、药物开发。

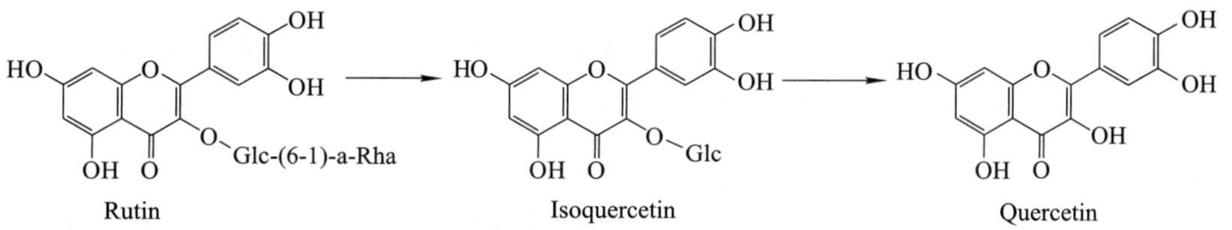

图6 酶转化生产高活性异槲皮素和槲皮素

(二)酶转化制备高活性的黄芩素(授权发明专利:ZL 200410020649.6)

黄芩(*Scutellaria baicalensis* Georgi)是具有较广抗菌作用的中草药,其主要有效成分为黄芩苷(Baicalin),黄芩苷7-O-位置有葡萄糖醛酸基团。其苷元黄芩素的抗菌、抗艾滋病毒、皮肤抗炎、抗红斑、抗氧化功能远高于黄芩苷;因此,酶转化从黄芩苷制备高活性黄芩素,对中草药、化妆品开发意义很大。

本课题组育种了黄芩葡萄糖醛酸苷酶生产菌,微生物来源的黄芩苷-β-D-葡萄糖苷酸酶的分子质量约为45 kDa。该酶最适温度50℃,最适pH 5.0;从植物黏毛黄芩根中纯化的酶,分子质量是58.4 kDa。该酶最适温度50℃,最适pH 5.0[14]。黄芩素转化率90%以上,产品纯度90%以上,产品用于功能化妆品、医药品开发。其酶的反应如图7所示:

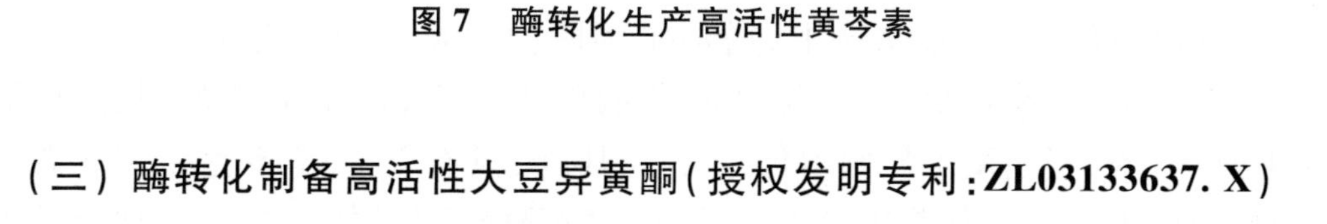

图7 酶转化生产高活性黄芩素

(三)酶转化制备高活性大豆异黄酮(授权发明专利:ZL03133637.X)

大豆是 *Glycine max* L. Merrill 的种子,已有5000年的栽培历史。目前全球的年产量超过1亿吨,是重要的健康食品。大豆中大豆异黄酮含量为0.5% ~1.2%,主要为染料木苷(Genistin)、大豆苷(Daidzin)、黄豆苷(Glycitin)等;其中97% ~98%黄酮与糖基结合,形成黄酮苷类,但没有糖基的黄酮苷元只有2% ~

3%。大豆异黄酮是天然雌激素,可预防乳腺癌,缓解更年期综合征、骨质疏松等;也具有抗氧化、抗自由基、抗炎、保护皮肤等功能。但是没有糖基的大豆异黄酮苷元活性远高于含糖基的黄酮苷,苷元雌激素活性远高于黄酮苷。因此,酶转化大豆异黄酮苷、制备苷元,对大豆健康食品、化妆品开发意义很大。

为此,本课题组育种了大豆异黄酮苷酶生产菌,开发了酶转化制备高活性的大豆异黄酮苷元方法(授权发明专利:ZL03133637.X);转化率在95%以上;产品主要含染料木素,还含有大豆素和黄豆素等。产品大豆黄酮苷元总含量90%以上,雌激素活性提高了30倍[15]。产品用于保健食品、化妆品。其反应如图8所示[16]。

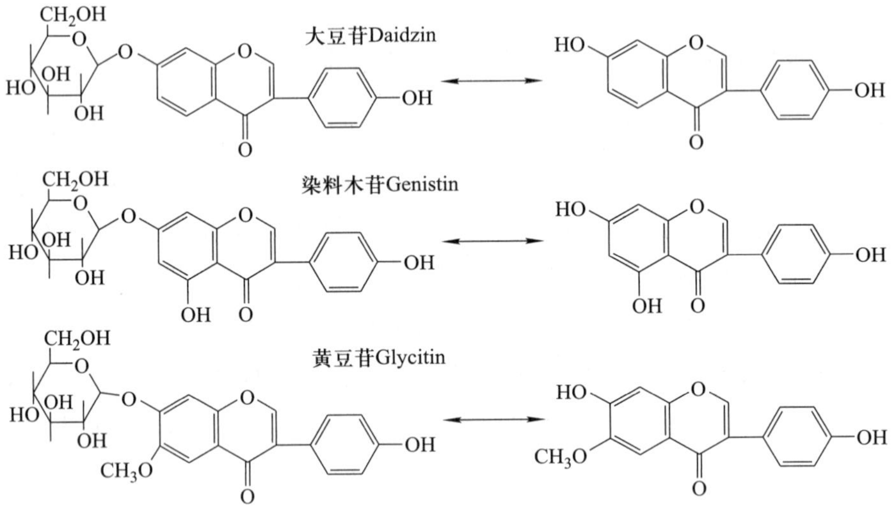

图8 大豆异黄酮苷酶催化反应

五、建立一套设备、生产酶转化的多种高活性黄酮的兼容性大的设备系统

综上所述,新筛选、分类鉴定了产黄酮苷酶的5种新微生物,成果刊登在国际微生物协会新菌刊物 *IJSEM* 上,增加了国际微生物新菌。育种了高产淫羊藿苷酶、芦丁苷酶、黄芩苷酶、大豆异黄酮苷酶的生产菌;发现生产黄酮苷酶的菌,在普通酶(淀粉、蛋白酶)发酵条件下不产其酶,只有在发酵环境和营养恶劣条件下才产酶;建立了贫营养极端发酵法、生产黄酮苷酶类的方法。发现上述黄酮苷酶抗有机溶剂,建立了酶反应后,用无毒有机溶剂沉淀酶方法,分离酶和产物;建立酶不用固定化、重复使用方法;酶转化生产了高活性的淫羊藿素、异槲皮素和槲皮素、黄芩素和大豆异黄酮苷元。

酶转化生产高活性的淫羊藿素、异槲皮素和槲皮素、黄芩素和大豆异黄酮苷元基本过程很相似;即,菌种发酵产酶、分离制备原料中含量高的黄酮,酶与黄酮底物反应、转化生成高活性产物,反应后产物和酶的分离、酶回收重复使用、产物的精制等,基本过程相同,只是所采用的菌种、原料和产物不同而已。因此,改变菌种和原料,在一套设备上可以生产多种产品。

据此,课题组与企业联合,首次建立了一套生产多种黄酮产品的、兼容性大的设备系统;生产了高活性的淫羊藿素、异槲皮素和槲皮素、黄芩素和大豆异黄酮苷元;自行设计设备系统,关键设备自行设计,生产中酶不用固定化、重复使用,只用无毒的有机溶剂,无污染。产品出口、内销。也开发了其高活性黄酮的洗面奶、润肤水、面膜、护肤乳液、营养霜等系列化妆品;目前,正在拓宽应用范围。

参考文献

[1] 金凤燮,等.天然产物生物转化[M].北京:化工出版社,2009:220－223.

[2] Kobashi K. Glycosides are natural products－Evidence using germ－free and gnotobioticrats associated with a human intestinal bacterium [J]. Journal of Traditonal Medicine, 1998, 15: 1－13.

[3] Tawab MA, Bahr U, Karas M, et al. Degradation of ginsenoside in humans after oral administration [J]. Drug Metabolism and Disposition, 2003, 31: 1065－1071.

[4] 金凤燮,鱼红闪,孙长凯,等.天然活性成分生物转化的微生物、特异酶及其应用[J].食品科学技术学报,2013,31(1):1－8.

[5] Jin F, Yamasato K, Toda K. Clostridium thermocopriae sp. nov., a cellulolytic thermophile from animal feces, compost, soil, and a Hot Spring in Japan [J]. International Journal of Systematic Bacteriology, 1988, 38(3): 279－281.

[6] Lee HW, Yu H, Q Liu, et al. Kaistia granuli sp. nove., Isolated from rhizosphere granuli in an upflow anaerobic sludge blaket reactor [J]. International Journal of Systematic and Evolutionary Microbiology, 2007, 57: 2280－2283.

[7] Liu Q, Yu TLN, Jin F, et al. Emticicia ginsengisoli sp. nov., a species of the family 'Flexibacteraceae' isolated from soil of a ginseng field [J]. International Journal of Systematic and Evolutionary Microbiology, 2008, 58: 1100－1105.

[8] Xu J, Im WT, Liu Q, et al. Hymenobacter daecheongensis sp. nov., isolated from stream sediment [J]. International Journal of Systematic and Evolutionary Microbiology, 2009, 59: 1183－1187.

[9] Wang L, An D, Kim SG, et al. Rhadanobacter panaciterrae sp. nov., a bacterium with ginsenoside－converting isolated from soil of a ginseng field [J]. International Journal of Systematic and Evolutionary Microbiology, 2011, 61: 3028－3032.

[10] 金凤燮,等.天然产物生物转化[M].北京:化工出版社,2009: 258－272.

[11] Qiu F,Chen Y,Kang Y,et a1. Metabolism of orally administered icariin in rats [J]. Acta Pharmaceutica Sinica, 1999, 34(3): 222 -261.

[12] Park JS,Park HY,Rho HS,et a1. Statistically designed enzymatic hydrolysis for optimized production of icariside II as a novel melanogenesis inhibitor [J]. Journal of Microbiology and Biotechnology, 2008,18(1):110 -117.

[13] Liu T, Yu H, Zhang C, et al. Aspergillus niger DLFCC -90 rhamniside hydrolase, a new type of flavonoid glycoside hydrolase [J]. Applied Environmental Microbiology, 2012, 78 (13): 4752 -4754.

[14] Zhang C, Zhang Y, Chen J, et al. Purification and characterization of baicalin - b - D - glucuronidase hydrolyzing baicalin to baicalein from fresh roots of Scutellaria viscidula Bge [J]. Process Biochemistry, 2005, 40(5): 1911 -1915.

[15] 马达,刘冰,芦明春, 等. 大豆异黄酮糖苷酶的发酵与纯化[J]. 食品与发酵工业, 2006,32(2):61 -63.

[16] 马达,刘冰,芦明春,等. 采用转基因酵母模型检测大豆异黄酮酶解前后雌激素活性[J]. 食品与发酵工业,2006,32(3):86 -88.

金凤燮　1968年毕业于吉林大学,1989年在日本东京大学获工学博士学位。现任大连工业大学学术委员会主任,辽宁省发酵工程重点实验室主任。一直从事发酵、酶工程方面的教学科研工作。团队主要成果:发现了一批新微生物和一批新型特异的天然成分转化酶;发现皂苷酶等天然成分转化酶,能水解多种糖基,不同于国际酶学会描述的一种酶只水解一种糖基的糖苷酶普遍特性。开发了提高制麦过程中果胶和蛋白酶活力的方法,解决了东北大麦皮厚、浸出率低等不宜酿造啤酒的问题。相关成果发表论文253篇,SCI收录43篇;出版著作5部,其中在日本出版2部。发明专利23项,其中15项授权,含欧、美、日、韩专利。省部级以上获奖9项,其中含国际技术发明奖二等奖。

木质纤维生物质结构表征及产业化展望

孙润仓

北京林业大学林木生物质化学北京市重点实验室,北京;

华南理工大学制浆造纸工程国家重点实验室,广东广州

摘　要:生物质资源是可再生、可循环、可降解的天然资源。它主要由纤维素、木质素和半纤维素等组成,纸浆造纸主要利用纤维素,而制浆过程中解离的半纤维素和木质素由于降解严重和结构破坏,长期以来并未得到合理的利用。在天然资源受到重视的今天,结合生物质精炼的概念,对木质素和半纤维素进行分离、结构解译和高值化利用研究很有必要。本文围绕木质素和半纤维素研究基础,系统地展望了木质素和半纤维素目前的研究现状和今后的研究方向,这些展望为木质素及半纤维素产业化利用将提供有益的启示。

关键词:木质素;半纤维素;生物质精炼

一、引言

随着化石资源的日益枯竭,作为解决后化石资源时代能源、材料和化学品短缺的重要途径,木质纤维原料的转化利用正受到国内外研究者的极大关注与重视。生物质细胞壁组分主要由木质素、纤维素和半纤维素三种高聚物组成,三者占总含量的90%以上。然而,从木质纤维转化为新能源、功能材料和化学品是一个复杂的过程,需要将生物质各组分进行有效分离,并将各组分进行转化利用,才能实现生物质的高值化利用。但是,现有的大规模技术(制浆造纸技术)尚不能实现木质纤维材料三大组分(纤维素、半纤维素和木质素)的全组分清洁高效分离,转化时只利用了其中的纤维素,而大部分木质素和半纤维素以“黑液”的形式被排放。目前,可大规模利用的木质素主要来自于制浆造纸废液,然而,大部分的黑液被浓缩后烧掉或直接排放,没有实现木质素的高效利用,造成资源的巨大浪费。迄今为止,与木质素相关的研究成果近年来发展较快,主要产品如水泥分散剂、混凝土减水剂、水煤浆分散剂和木质素磺酸盐系列产品,这些产品的开发虽然从某种程度上提高了工业木质素的价值,但是作为一种极具潜

力的天然芳环化合物，木质素的高附加值开发利用目前仍是研究的热点和难点。造成木质素利用困难的根本原因是目前的工业木质素的来源广泛，纯度较低，化学结构复杂，相对分子质量范围分布大，分子结构的改性，化学反应活性低，因此，基于木质素结构和分离的研究也就尤其重要。而作为木质纤维原料第二大组分的半纤维素，由于传统的制浆工业的“高温高压强碱性”环境导致半纤维素大量降解，难以回收利用。因此，对于半纤维素的工业化分离和利用尚处于初级的实验室阶段。随着近些年生物炼制概念的提出，人们越来越意识到利用这些生物质资源应该遵循生物质组分全值利用的思路。针对上述问题，我们提出了“生物质主要组分分离－结构解译－定向转化”的总体思路，构建了若干“以组分分离为导向的生物质精炼模式”，本着对生物质“吃干榨净，各尽其用”的策略，对木质生物质资源进行综合利用。

二、木质素

目前木质素（非工业木质素）的高效利用主要取决于以下几个研究方面：

（1）植物细胞壁中木质素固有结构的解译，对于其固有结构的解析理解可为分离策略和方法的选择和开发奠定基础，尤其是大宗的生物质原料，如毛竹、毛白杨、桉树等速生原料。

（2）木质素温和高效分离技术，这里必须要保证采用提取条件温和、尽量破坏性较小的方式将木质素组分提取出来，成本要较为低廉，操作方便。

（3）高纯度，分子量、结构完整和化学活性高的木质素的分离。

（4）分离过程中如何尽量避免木质素自身的缩合反应 。

（5）通过木质素解聚的方式将木质素从原料中提取出来，得到小分子片段，用于制备酚醛树脂胶和聚氨酯发泡材料等。

在我们实验室，木质素的结构研究一般包括：

（1）原本木质素的结构分析；

（2）原位核磁共振技术在木质素结构分析中的应用；

（3）分离木质素的结构分析和官能团的测定；

（4）生物质预处理中木质素变化规律的定量核磁共振分析；

（5）定量方法学基础和应用。

深入了解木质纤维原料中木质素的原本结构将有利于了解原料特性，为生物质精炼提供理论指导。液体核磁原位分析方法可快速测定木质素的 S/G 比例和连接键等，为制浆造纸和生物乙醇原料的筛选提供重要依据。通过对木质素结构和官能团的定性和定量分析，为进一步利用和改性木质素提供理论依据。生物质预处理过程中木质素结构变化的研究，将促进对预处理机理的认识，进而对生物质预处理条件进行优化。在上述研究的基础上，构建适合若干大宗生物质原料的木质素规模化生产新途径。对分离得到的木质素进行结构和反应性（活性基团）测定后，再进行选择性改性和定向转化。

目前主要有以下几条转化途径：

（1）改性木质素作为材料或者作为材料中间体，如木质素基酚醛胶、改性环氧树脂胶、改性酚醛胶、碳纤维等；

（2）作为共聚物的组分参与材料的合成；如水凝胶、聚氨酯和其他共聚物；

（3）将分离的木质素进行定向解聚，制备低分子化合物，如香草醛、紫丁香醛以及混合产物的分离和综合利用途径；或者将针叶材的木质素直接解聚得到香草醛；

（4）采用廉价催化剂，催化加氢技术和连扩增手段将木质素转化为汽油；

（5）其他基于木质素的高值化产品。

三、半纤维素

半纤维素作为一种非均一性多糖，其功能衍生物可广泛用于造纸、食品、洗涤剂和制药等工业领域。

化学工业：表面活性剂。造纸工业：纸张添加剂，以增加纸张强度并改善漂白效果。食品工业：食品胶、增稠剂和黏合剂。生物制药业：用来生产新型药物，这些药物具有增强免疫力、抑制恶性肿瘤或抗凝血功能。虽然其潜在的用途很多，但是半纤维素的高效分离目前尚在研究中，主要有以下方面：

（1）主要采用的水热体系和稀酸预处理体系，将半纤维素以低聚糖的形式和高聚物形式分离出来，实现半纤维素的高效分离。

（2）以碱介质分离体系，将半纤维素以分子结构较为完整的形式分离出来，得到相对分子质量较大、相对分子质量较为均一的半纤维素高分子。

（3）采用工业膜分离的方式对半纤维素进行逐级分离和纯化。

（4）采用化学方法，如不同浓度硫酸铵溶液、不同的乙醇溶液、不同的碘-碘化钾溶液对半纤维素进行纯化和分级，得到含有侧链和不含侧链的木聚糖类半纤维素。

在半纤维素高效分离的基础上，阐明分离半纤维素的物化性质和结构特点。然后，基于这些明确的结构特点和活性基团，进一步构建半纤维素的潜在的高效转化途径。分离的半纤维素主要作为生物质高值材料合成的起始原料和中间体，如医药载体、智能水凝胶、半纤维素基膜材料，这些材料的合成将会大大拓宽半纤维素的高值化利用途径及应用领域。

目前，笔者所在实验室开展的工作包括以下几个方面：

（1）初步鉴定了小麦和竹材等农林废弃物碱性、中性半纤维素的结构特点，提出了若干分离方法，并进行了半纤维素系列酯化和醚化改性，构建了酯化和醚化的半纤维素中间体。

（2）率先阐明了半纤维素在离子液体中溶解机制，建立了以半纤维素为原料制备新材料绿色溶剂体系。

（3）构建了半纤维素基离子型智能水凝胶，半纤维素与丙烯酸类通过接枝共聚制备对 pH、盐和有机溶剂三重响应的水凝胶，可重复使用 8 个循环吸附 - 解吸、重金属离子铅、铬、锌等，以废治污，有良好的吸水、回弹性能和生物可降解性。

（4）构建了温度敏感型互穿水凝胶，通过紫外光引发自由基聚合制备温度敏感型智能水凝胶。

（5）光交联与光敏感型水凝胶。

（6）光响应型纳米凝胶。

（7）具有匹配性的凝胶载体材料。

（8）纳米基因载体，率先合成了阳性半纤维素基因载体，与质粒 DNA 有良好的结合能力，对 293T 细胞转染率约 22.3%，可以与聚乙烯亚胺、脂质体缩氨酸共轭复合物相媲美，有望成为一种新型基因药物载体材料。

（9）设计了具有抗癌活性的阴离子半纤维素和疏水甾醇类组装的新型衍生物；在水中形成 8 ~ 100 nm 的核/壳纳米结构，无细胞毒性，是疏水（抗肿瘤）药物的良好载体。

（10）合成了一种荧光标记纳米粒子，通过酰胺反应将芘生色基团引入到羧甲基半纤维素分子链上，合成了芘丁酰肼 - g - 羧甲基半纤维素（PyHy-g-CMX），在 480 nm 波长的激发下，PyHy-g-CMX 具有荧光行为，在制备荧光化学传感器方面具有潜在的应用前景。

（11）设计了一种磁性纳米粒子。通过反相微乳法，合成了以磁性粒子 γ - Fe_2O_3 为内核，季铵化半纤维素为外壳的磁性纳米粒子，粒径介于 60 ~ 200 nm，分散性好，呈规则球形，对颗粒表面修饰多聚赖氨酸和叶酸后制备出具备特殊功能基团的表面修饰聚合物，可应用于生物成像、肿瘤磁热疗、医学造影等领域。

（12）负载型纳米颗粒催化剂，合成了三联吡啶功能化半纤维素与过渡金属钯的杂化纳米颗粒，粒径 50 ~ 60 nm，对 Suzuki-Miyaura 反应的产率可达到 98%，载体催化剂可循环使用 6 次以上，使用寿命长，载体催化剂可回收，避免如膦配体等排放对环境造成的危害。

（13）负载型纳米颗粒催化剂，通过原位还原方法在半纤维素分子链上负载钯，形成 Pd-Hemi 纳米颗粒纳米，颗粒对 Suzuki，Heck 和 Sonogashira 交叉偶联反应，具有较好的催化效果，产率可达 99%。催化剂易回收，简单过滤即可回用，循环次数 >6 次，廉价易得，有效实用，有望替代传统硅胶等高分子材料。

（14）分别以半纤维素和木质素作为还原剂和稳定剂，在不加任何其他化学还原剂和稳定剂的条件下，绿色合成出稳定分散的纳米银，并系统探讨其合成机理。

（15）使用纤维素基纳米胶囊成功地将一种商品化的荧光共轭聚合物（PFO）转化成高效率的水溶液，纳米胶囊的空间限域作用改变了荧光共轭聚合物的光学性质。

（16）首次设计了半纤维素与主客体化合物之间的环加成反应，合成了半纤维素三唑类化合物，并研究了其生理活性及在新药物、细胞培养支架材料领域中的应用。

（17）率先采用外增强（纳米微细纤维作为增强材料）方式制备了具有良好力学性能的半纤维素膜，并揭示了半纤维素膜的结晶结构与其表面形貌、力学性能之间的关系。

（18）长碳链修饰的半纤维素能形成空间位阻，有效破坏氢键结合，半纤维素具有内增塑效应，在不加任何外增塑剂情况下仍具有良好的成膜性能和力学性能。

四、生物质炼制

传统的纸浆造纸产业是生物质炼制的雏形，但是由于技术原因和经济原因尚未发展起来。在生物质能源和材料日益被提上日程的今天，进行生物质，尤其是木质素和半纤维素的分离和转化方面的研究很有必要。从产业化的角度来看，未来的生物质精炼应该是基于传统制浆平台的生物质组分高效分离再进行转化的模式，纤维素作为重要的材料需要继续保持，但是纤维素材料的领域可以大大开拓，不仅仅是纸张，功能纸张，也可以开发纳米纤维素的制备技术及其深度应用，对于一些制备材料较差的生物质原料（如能源植物），可转化其为能源。半纤维素可以作为低聚糖是一个极有潜力的方向，此外，高相对分子质量的半纤维素可以作为聚合物材料进行探索研究，进行产业链延伸。木质素的分离、结构均一化和高值化转化利用将是木质素领域发展的重点。不同原料的木质素，结构差异性很大，这就严重影响木质素材料的开发利用。并且最为重要的是，在未来的分离过程中得到的木质素要具有较好的活性和转化前景。生物质三大组分分离过程属于生物质产业上游的基础问题，需要一直探索下去，根据植物纤维原料的沉积规律、分布规律和连接类型，提出若干可行的生物质炼制模式很有必要。基于水热和稀酸的预处理生物炼制，预处理去掉半纤维素，回收糖液，可以回收结构较为完整的半纤维素，同时剩余的残渣有两条路径可行：① 稀碱处理除去木质素，制备生物乙醇，② 硫酸盐法制浆制备溶解浆。在这个过程中，半纤维素、纤维素和木质素分别得到，可以各自进行利用。对于草类原料来讲，也可以直接稀碱一步处理得到大部分半纤维素和木质素，残渣用作生物乙醇制备；对于木材生物质，可以采用温和蒸汽爆破技术，水洗得到单糖、低聚糖和半纤维素，残渣再经碱性处理得到木质素，木质素可以制备酚醛树脂，而纤维素可以制备浆粕。在今后的研究中，需要针对我国几种主要造纸原料使用情况，并结合生物质精炼技术研发，达到高效预处理，半纤维素有效分离和高效利用及木质素的高值化利用，充分达到合理利用纤维素、半纤维素和木质素三大组分的目的，大力发展纤维素的产品或者半纤维素、木质素的产品都是生物质资源发展的方向，精炼技术的发展方向，为未来基于制浆产业的生物质精炼提供技术保障。

五、小结

木质素和半纤维素的利用研究方兴未艾，其产业化过程必然要结合目前的制浆造纸产业和已初见端倪的生物质精炼产业，通过对下游高附加值产品的开发和利用来推动上游的分离过程，同时以上游的分离过程来支撑下游的产品开发，实现木质生物质资源的环境友好发展和高值转化。

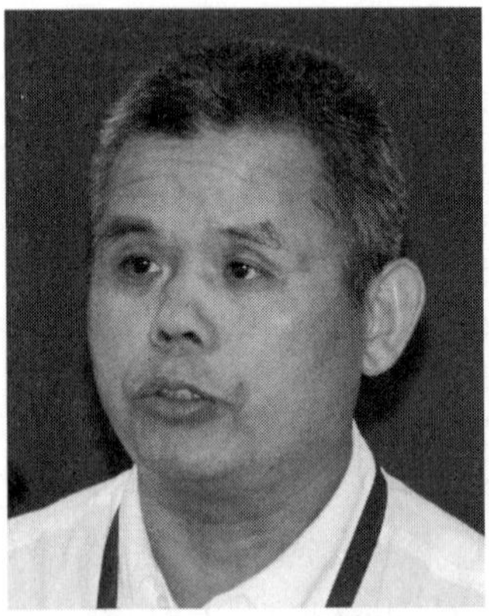

孙润仓　1955年3月生，1982年2月毕业于西北大学化学系，1996年获英国威尔士大学博士学位，国家杰出青年基金获得者，“长江学者奖励计划”特聘教授，“973”首席科学家。现为北京林业大学材料科学与技术学院院长，北京市生物质化学重点实验室主任，博士生导师，林产化工学科带头人，同时任华南理工大学制浆造纸工程国家重点实验室主任。30多年来，一直从事生物质转化为新材料、新能源及化学品方面的研究，提出了一种全新的生物质高效转化途径“组分清洁分离→建立转化平台→定向转化为新材料”，阐明了生物质组分清洁解离机制，实现了生物质组分高效分离；然后依据分离组分的构效关系，构建了生物质转化为高值化材料的新理论与新方法。在国内外学术期刊上发表SCI收录论文510余篇，86篇发表在SCI收录的农林化学专业领域内期刊中的顶点期刊（JCR一区），发表EI收录论文56篇，论文被他人正面引用7000余次。

参加了50余次有关该领域的国际会议，其中在美、英等国做过16次国际会议特邀报告，21次以邀请的身份作了大会发言。主编 *Cereal Straw as a Resource for Sustainable Biomaterials and Biofuels: Chemistry, Extractives, Lignins, Hemicelluloses and Cellulose* 专著1部（2010, Elsevier），同时还被国外专家邀请参与编写 *Hemicelluloses: Chemistry and Technology* 等英文专著23部和英国科学分离百科全书1部。授权发明专利32项。国务院学位委员会学科评议组成员，英国皇家化学会学部委员，美国木材科学协会委员会委员，3种国外SCI期刊 *Carbohydrate Polymers*（英国），*Bioresources*（美国）和 *Journal of Biobased Materials and Bioenergy*（美国）执行主编和副主编，*The World Journal of Forestry* 副主编，4种国外SCI期刊 *Journal of Agricultural and Food Chemistry*（JCR 一区），*Industrial Crops and Products*（JCR 一区），*International Journal of Cellulose Chemistry and Technology*（SCI期刊）及 *The Scientific World Journal*（SCI期刊）编委，*Journal of Engineering*, *Dataset Papers in Chemistry* 及 *The Open Agriculture Journal* 编委，获国家技术发明和科技进步奖二等奖各1项，省部级自然科学奖一等奖4项、二等奖3项，培养的博士生中三名获全国百篇优秀博士论文，两名获全国百篇优秀博士论文提名。

我国造纸化学品重点研究方向与课题

姚献平[1,2],郑丽萍[1,2]

1 国家造纸化学品工程技术研究中心;杭州市化工研究院;
2 杭州纸友科技有限公司,浙江杭州

摘　要:我国造纸工业正向纸机大型化、高速化,抄造中性化,白水封闭循环等方向发展,但是面临着严重的资源、环境、技术等瓶颈制约。造纸化学品是破解造纸行业这些瓶颈制约的关键技术产品。本文结合当前我国造纸工业的发展需求,以及造纸化学品工业国内外发展现状,存在的突出问题,提出了今后我国造纸化学品的重点研究方向和一些课题。

关键词:造纸化学品;造纸;研究方向与课题

Key Research Direction and Topics of China's Papermaking Chemicals

Xian ping Yao[1,2], Li ping Zheng[1,2]

1 National Eng. & Tech. Research Center For Paper Chemicals;
Hangzhou Research Institute of Chemical Technology, Hangzhou;
2 Hangzhou Papermate Science & Technology Co., Ltd., Hangzhou, China

Abstract: China's papermaking industry is on a path toward large-size and high speed of papermaking machine, neutral papermaking, whitewater closure, etc. However, the serious exhaustion of resources and the worsening ecological environment and limited technology have become bottlenecks and grave impediments to the papermaking industry development. Paper chemicals are the key technology products to break the bottlenecks. According to the requirement of China's paper industry and the domestic and international development status of paper chemicals and the existing problems, the author puts forward the key research direction and some topics of China's papermaking chemicals.

Key words: paper chemicals; papermaking; research direction and topics

一、概述

（一）我国是全球造纸工业最具成长性的国家

我国是造纸技术的发明国，但近代造纸工业的发展一直落后于发达国家。随着 20 世纪 80 年代我国实行改革开放政策以来，我国的造纸工业得以快速发展，目前纸和纸板产量已超亿吨，居全球首位，是全球最具成长性的国家。但是，人均纸张表观消费量只有 73 kg，与发达国家人均 200 kg 左右比较，尚有很大的差距，可预见今后我国的造纸工业仍将保持较长期的稳定增长。

（二）造纸化学品是造纸工业必不可少的重要功能性材料

尽管我国造纸总产量已经位居世界第一位，但从产业的整体技术水平、产品品种质量档次、原材料消耗、企业产量规模与产业集中度以及环保治理等方面来看，与发达国家造纸工业相比还有较大的差距，还不是一个造纸强国。要使我国造纸工业从一个大国转变为一个强国，离不开造纸化学品工业的支持与发展。造纸化学品的应用能赋予纸张各种特殊的优越性能，明显提高纸张质量，提高纸机运行效能，促进开发更多更有价值的纸张新品种，有效地节约宝贵的造纸资源（包括木材资源、水资源、能源）等，大幅度减少造纸环境污染，同时关联性强，其发展对新闻、出版、印刷、包装、电子、汽车、食品、卷烟等诸多下游产业的发展具有很强的促进作用。我国造纸工业正在向纸机大型和高速化、抄造中性化、白水封闭循环等方向发展，但是面临着严重的资源、环境、技术等瓶颈制约。造纸化学品是破解造纸行业这些瓶颈制约的关键技术产品。由于造纸化学品对造纸工业提高质量、转型升级、节能减排、节约资源以及高档纸和特种纸开发与应用等方面，发挥越来越重要的作用，受到了国家有关部门的高度重视与支持。国家发改委、科技部等有关部门已连续多年将造纸化学品列入当前我国优先发展的高技术产业化重点领域指南。1987 年原化工部批准成立“全国造纸化学品信息站”；1990 年批准成立“化工部造纸化学品技术开发中心”；1995 年国家民政部批准成立“中国造纸化学品工业协会”；2009 年国家科技部批准组建“国家造纸化学品工程技术研究中心”。目前，我国造纸化学品已形成一个崭新的产业。

(三) 我国造纸化学品技术基础现状

我国造纸化学品工业起步于20世纪80年代末,据不完全统计,1987年国内只有20多个科研单位从事造纸化学品的研究开发,50余家工厂生产造纸化学品,且品种单一、质量不高,没有形成系列产品。直到20世纪90年代初,我国造纸化学品仅有约30个品种近200种产品。目前我国造纸化学品总产量已达200多万吨,国外具有的主要品种系列,包括变性淀粉、聚丙烯酰胺、施胶剂,增白剂、消泡剂、脱墨剂、涂布黏合剂等已基本实现国产化,但质量水平、企业规模、功能性化学品和特种纸化学品等的开发应用尚有较大差距。

随着世界上最先进的现代化大型纸机纷纷进入我国,并越来越趋向于自动化、大型化和高速化,对我国造纸化学品工业的发展提出了新的更高的要求,带来了新的机遇和挑战。由于我国造纸专用化学品品质和质量稳定性以及企业的供应规模尚不能完全满足现代大型高速纸机的需求,国际造纸化学品跨国公司纷纷进入中国市场,几乎所有国际性制浆造纸化学品公司都先后以办事处、合资(或独资)企业形式进入我国市场(见表1)。这些国际性大公司进入我国市场,一方面,加剧了我国造纸化学品市场的竞争;另一方面,也带来了他们先进的管理理念和产品技术,促进了我国造纸化学品工业的发展。

表1　国际性造纸化学品公司在我国发展情况

公司名称	在中国企业名称	成立时间	主要产品领域
赫克力士	上海赫克力士化工公司	1995年	AKD施胶剂,阳离子松香乳液施胶剂等
巴斯夫	上海高桥巴斯夫分散体公司	1990年	SB胶乳,CPAM等
凯米拉	凯米拉化学品(兖州)有限公司	2008年	ASA、AKD施胶剂,水处理化学品等
阿克苏 诺贝尔	依卡化学品(苏州)有限公司 依卡化学品(广州)有限公司	1999年	施胶剂等
罗盖特	罗盖特淀粉(连云港)有限公司	2006年	变性淀粉等
日本哈利玛	杭州杭化哈利玛化工有限公司(杭州市化工研究院合资企业)	1997年	PAM增强剂等

国内造纸化学品也在市场竞争中日益壮大。据不完全统计,全国已有造纸

化学品企业上千家，涌现出了一些具有一定实力、市场品牌知名度和专业特色的造纸化学品企事业单位，如杭州市化工研究院。国家造纸化学品工程技术研究中心研制开发的造纸用变性淀粉系列，聚丙烯酰胺再生纸增强剂系列，乳液松香胶系列，特种纸化学品系列；浙江传化集团开发的增白剂系列；苏州天马集团开发的 AKD 中性施胶剂系列；南京四新科技应用研究所有限公司开发的消泡剂系列；广西明阳生化科技股份有限公司木薯变性淀粉系列；东莞市绿微康生物科技有限公司生物酶废纸脱墨剂系列等。但是，与国际上高度集中化的造纸化学品市场相比较，我国造纸化学品市场尚处于高度分散的状态，企业数量众多，规模相对较小，技术装备落后，尚有待进一步发展和壮大。

（四）我国造纸化学品行业存在的主要差距与问题

我国造纸化学品产业在整体水平上与国外存在着明显差距，尚无法完全与国际大公司抗衡，国内新投产的一些大型造纸企业（特别是外资纸厂）所使用的不少化学品仍然依赖进口。目前行业发展中遇到的主要问题有以下几个方面。

1. *创新能力薄弱，品种针对性差、数量少，技术低水平重复多*

从品种上来看，虽然许多产品品种国内均已有生产，但是由于产品的针对性差，这不仅限制了应用范围，也达不到满意的应用效果；从产品的自身质量上看，不少产品仅仅解决了一个“有”和“无”的问题，与国外产品仍有一定差距。尤其是，随着造纸行业的技术进步、大型高速纸机的应用，对造纸化学品的质量、稳定性、专用性都提出了更高的要求。

2. *企业生产规模偏小，与国际大企业相比，技术上存在明显差距，支撑全行业的大型骨干企业尚在形成*

从生产规模来看，全球造纸化学品行业在国际上已经形成了一批具有很强竞争实力的大企业，许多世界 500 强的国际性公司都把造纸用化学品作为公司的主要业务领域，他们的产品研发与销售都在全球范围内进行；但我国的造纸化学品生产企业生产规模偏小，技术创新能力不足，缺乏与国际大企业竞争的能力，支撑全行业的大型骨干企业尚在形成。

3. *产品的应用技术与装备研究还处于初级阶段*

工业发达国家的造纸化学品制造商非常重视应用技术研究，企业拥有自己的产品应用专家和实验室；一些大型骨干企业还有小型造纸机、涂布机等专用应用试验设备。国外十分重视产品应用技术与装备的研究，并形成专利技术，国际性造纸化学品公司往往能够给纸厂提供整条生产线所需的化学品与应用技术的全套解决方案。国内一般企业均无专业的应用研究人员和测试设备，应用技术一般只停留在单个化学品的简单应用，达不到多种化学品综合应用、协同应用效果。

4. 促进造纸工业转型升级、节约木材资源、节能减排所需的一些新品种尚待进一步开发

随着国家对资源、能源、环保要求的日益严格，我国造纸工业提出了一系列转型升级、节约木材资源、节能减排的新举措，我国造纸化学品行业急待组织力量开发相应的新型造纸化学品，以适应新时期造纸工业的发展变化。

二、市场需求分析

（一）国际造纸化学品市场发展态势

根据赛利国际（SRI）咨询公司的市场研究报告，2008 年全球制浆造纸化学品市场消费规模为 330 亿美元，2009 年全球造纸专用化学品市场市值约 150 亿美元。国际造纸化学品公司经过多年的购并重组，目前涉及制浆造纸化学品业务的化学品公司往往也是全球性著名的化学集团，其制浆造纸化学品业务规模处于全球领先地位（见表 2）。

表 2　全球领先的制浆造纸化学品公司

公司	制浆造纸化学品业务年收入/亿欧元		
	2009 年	2010 年	2011 年
巴斯夫/汽巴	13.26	17.13	15.70
亚什兰/赫克力士	12.52[a]	11.78[a]	10.83[a]
阿克苏诺贝尔（依卡）	7.76	8.56	11.16
凯米拉	9.06	9.84	9.73
艺康/纳尔科	6.84[a]	7.55[a]	8.37[a]
科莱恩	3.08	3.30	3.10

注：[a]，为亿美元。数据来自各公司年报。

目前，我国造纸用化学品的销售额大致为 500 亿～600 亿元人民币，可带动下游产业 15 000 亿元人民币。

三、发展趋势

（一）我国造纸化学品行业在未来的 5～10 年将是大提升、大发展时期

首先，我国造纸工业将继续保持平稳增长，企业规模也将不断壮大，2002 年

年产量超过 100 万 t 的造纸企业只有 2 家,2013 年年产量超过 100 万 t 的造纸企业已经达到 15 家。造纸企业规模的不断扩大、现代化装备水平的不断提升、大型重点项目的建成投产都将给我国造纸化学品工业发展带来巨大的增长空间。

其次,资源、环境、能源是造纸工业目前面临的最主要的 3 大课题,诸如出于对森林资源的保护,国内纤维原料供需矛盾突出的问题,废纸回收再生纤维使用量正在逐年增加;为保护环境、减少废水排放而采取的白水封闭循环工艺;为满足国民经济发展的需要,优化产业结构而提高纸的品质或研究新的品种;为提高生产效率而采取的纸机大型化、高速化等都给相关造纸化学品的开发和应用提出了新的更高的要求,多种化学品的综合协同应用技术研究开发与配套的服务将是造纸化学品技术发展的重中之重。同时,现代经济技术的快速发展,带来的纸张高档化、品种多样化,给造纸化学品行业带来了巨大的发展空间和机遇。针对我国造纸工业国情,未来的 5 ~ 10 年,我国造纸化学品行业各种造纸化学品的新产品、新技术、新工艺和配套的应用技术将不断涌现,有望取得一批具有自主知识产权的新产品、新工艺、新技术;产业规模、结构和布局也将进一步优化,并迅速形成一批支撑全行业的大型骨干企业。将逐步建立适合中国国情的造纸化学品工业体系,向规模化、集约化、高科技化发展,使我国造纸化学品行业整体水平上有一个较大的飞跃。

四、重点研究方向和课题

当前,我国造纸企业急需降低造纸成本,提高质量,节能减排以及提高盈利水平和竞争能力。能为造纸企业解决上述问题的化学品,都是最受欢迎的急需化学品。这些产品和技术需求迫切,需要加强开发与应用,是今后的重点研究方向。

(一) 针对我国造纸行业木材资源严重短缺,应加快非木材纤维和废纸纤维专用化学品的开发与应用

我国造纸行业面临造纸纤维资源严重短缺的问题,造纸纤维原料以非木材纤维和废纸纤维为主。近年来,为了提高纸张质量和档次以及环保的原因,木浆使用比例有所上升,但仍仅占约 26% ,且绝大部分需要进口。2000 年我国进口木浆 334 万 t,2013 年已达 1685 万 t。我国是一个森林资源严重不足的国家,人均森林占有面积在全球排名列第 119 位。目前我国可开采的木材资源远不能满足造纸工业的需求。草、木、废纸结合的道路在我国还有很长的路要走。

1. 非木材纤维专用化学品

非木材纤维虽因环保等原因比例已逐年下降,但绝对值仍较高,2000 年为

1116 万 t，2013 年为 829 万 t，目前我国科技工作者正在研究清洁法草类制浆技术，并且已取得了许多令人振奋的成绩，植物资源高值化、清洁化利用会越来越受重视。与木材纤维比较，非木材纤维存在：① 纤维强度低；② 保水值高；③ 细小纤维多；④ 杂化学物含量高等特点。正是由于这些方面的原因，造成非木材纤维造纸质量差、断头多、车速慢、抄造困难、细小纤维流失严重等后果。由于非木材纤维与木材纤维对比存在诸多不同特点，所适用的化学品也有相当的差别。一些在木浆中效果明显的化学品在非木材浆中效果往往不太理想，有的甚至几乎没有什么效果，这就需要开发非木材纤维专用化学品，如非木材纤维专用增强剂、助留剂、助滤剂、中性施胶剂、表面处理剂、涂布黏合剂等。尤其值得指出的是，发达国家一般以木材纤维造纸为主，非木材纤维造纸是我国独特的国情。

2. 废纸再生纤维专用化学品

废纸造纸可以节约大量的木材资源、能源，还有利于保护生态环境。回收 1 t 废纸能生产 0.8 t 纸，少砍 17 棵树；利用 1 t 废纸浆可以节约 4 ~ 5 m^3 木材、1.0 ~ 1.5 t 煤和大量的化工原料，还可大幅节约水资源和减少造纸废水污染。正因为废纸利用意义重大，发达国家已开始立法支持废纸再生回用，并规定了某些纸种中二次纤维的法定含量。我国也高度重视，废纸利用率大幅提高，增长比例尤为明显，2000 年我国废纸消费量为 1431 万 t，2013 年 7425 万 t，占全国纸浆消耗总量的 65%。

再生纸的激增对再生纸专用化学品的需求更为迫切。如经过印刷的废纸回用需要脱墨化学品和脱墨技术；废纸在回收前后受到细菌的侵蚀、紫外光的照射、空气的氧化，降低了纤维的强度，需要开发再生纸专用的增强剂；同时废纸纤维处理过程还会产生大量的细小纤维和填料，这就需要专用的助留、助滤剂及其应用技术；在废纸中有许多胶黏剂等杂质，处理不慎在抄造时会产生粘缸、粘网等情况，造成抄纸障碍，这就需要开发树脂障碍控制剂等。事实证明，再生纸的制造离不开专用化学品，我国这方面的研发产品和技术与美欧日等国尚有较大的差距，有待进一步重视和加强。

（二）针对我国造纸行业节能减排形势严峻，应加快节能减排专用化学品的开发与应用

根据国家环保总局统计，2012 年我国制浆造纸及纸制品产业废水排放量为 34.27 亿 t，占全国工业废水总排放量的 16.9%。排放废水中化学需氧量（COD）为 62.3 万 t，占全国工业 COD 总排放量的 20.5%。经过造纸工业艰苦的努力，虽然环境保护工作已有了突出的进步，但压力依然十分巨大，因此应加快节能减排专用化学品的开发与应用。

造纸过程是一个复杂的化学和物理过程,从制浆到造纸全过程要做到清洁生产,离不开各种造纸节能环保专用化学品。造纸废水治理是一个系统工程,要源头治理与末端治理相结合;物理、化学、生物技术相结合;应用技术与装备相结合。如在制浆过程要采用化学技术减少制浆蒸煮时间以及碱的用量,对造纸黑液进行分离、回收木质素等有机高分子专用产品,开发安全、高效、新型的漂白剂等;在造纸过程中,要采用高效助留、助滤剂及相关技术;对造纸废水要开发高效有机或无机的废水处理化学品及其应用技术和装备,努力使造纸行业吨纸的能耗、用水量、排水量降低到国际先进水平。造纸废水综合治理技术需求迫切,技术面广,难度大,急需加强开发。

(三)针对我国造纸行业转型升级的迫切需求,应加快高档纸功能性化学品和特种纸专用化学品的开发与应用

随着造纸新产品、新工艺的发展需要,高档纸和特种造纸化学品不断涌现,但目前我国还不能完全满足造纸工业的发展需要,还有不少需要进口。

对造纸化学品依赖度大的高档纸和特种纸在国内是紧俏产品,也是造纸行业的高利润区,以高档文化用纸中涂布印刷纸为例,2013 年我国产量为 770 万吨,其化学品所需的品种系列多,用量高达 6% ~9%,甚至更高。高档文化用纸除增强、助留、助滤等湿部化学品外,对功能性表面化学品尤为需要,在发达国家表面化学品的用量远远超过湿部化学品,新的品种系列也在不断涌现,我国功能性表面专用化学品研究开发相对比较落后。我国纸和纸板由于纤维原料差等原因,表面强度、整饰性、印刷适性等指标普遍达不到要求。因此,加强功能性表面化学品的开发更加重要。如具有环保特征、性能优异新型表面施胶剂,能赋予纸张特殊表面性能的特种表面施胶剂,如复合抗水型、防油抗热型、增白调色型等产品;新型涂布化学品,如能代替合成胶乳的生物胶乳更是一个热门的研究开发课题,随着现代印刷技术的飞速发展,涂布化学品的功能、特性急需提高。

特种纸和纸板化学品更是我国的紧缺产品,如水果包装纸,可以使水果变得更鲜艳可口;现代住房安全装饰,要求开发阻燃纸、甲醛等废气吸收降解纸。又如随着生活水平的提高,人们对生活用纸的品种、质量要求迅速提高。开发卫生、优质、舒适的生活用纸,需要卫生纸专用的分散剂、柔软剂、增强剂、助留助滤剂、增白助白剂等化学品。又如妇女卫生巾和婴儿的尿不湿需要高吸水性树脂等。由于生活用纸直接与人体接触,所有这些化学品都应具备安全性能要求,非功能性和专用化不可。又如随着塑料快餐盒的禁止生产销售,造纸行业开发了一次性可回收纸杯和快餐盒,这些产品更需要安全可靠的防油、抗水、黏合、抗热等特殊性能的专用化学品。另外,还有热敏纸、抗静电纸、导电纸、防伪纸等都需

要各种特殊的专用化学品。

（四）造纸化学品绿色化关键技术与工艺的研发和推广

绿色造纸化学品的含义在于造纸化学品制造与应用、源头和末端都实现绿色化。也就是说，造纸化学品的制造过程要符合绿色化学的原则，要采用绿色原料、绿色工艺，制造出绿色产品，不产生有害排放物；在应用过程有利于造纸过程做到清洁生产，使资源进一步节约，使能耗进一步降低，使废水排放量进一步下降，使废纸再生利用等，即促进造纸过程绿色化。发达国家在造纸化学品的绿色化制造技术上已取得了很好的成效，我国造纸化学品起步晚，规模小，中小企业多，特别在绿色化制造技术方面存在较大差距，亟待解决和提升。造纸化学品属精细化工新材料领域，品种门类多，加上我国起步晚，发展快，对造纸化学品的环保问题还没有引起足够的重视，有不少企业存在环保问题。根据当前行业存在的环保问题，要加强开展造纸化学品共性、关键性环保技术及清洁生产工艺的研究开发和推广，重点开展变性淀粉、聚丙烯酰胺、施胶剂、涂布胶乳等几个大类化学品的环保技术及清洁生产工艺的研究开发和成果推广。

（五）要加强造纸化学品综合应用技术及专用设备的研究与开发，尤其要加快现代大型高速纸机化学品应用技术与装备的研发

在某种意义上说，造纸化学品的应用技术比合成技术更加重要，不同的纸机，不同的纸种，不同的纤维配比，不同的化学配伍，甚至不同的水质，其应用效果与效益大为不同，涉及多门类、多学科的知识，且有极强的科学性和实用性，真正掌握起来难度较大。应用技术是一种以低的成本换取高效益的技术，发达国家的造纸化学品制造厂非常重视应用研究，一般均有自己的产品应用专家和实验室，一些大型骨干企业还有小型造纸机、涂布机等专用试验设备。中国的造纸原料、纸机工艺与发达国家有着很大的差别。如我国大量采用的草浆和废纸浆中的杂化学物质会严重地干扰化学品的正常应用，相应的应用技术不解决将难以达到理想的效果。我们不仅要对纸浆的电位、化学组分及化学品的配伍等进行深入的研究，还要选择一些典型的纸机、纸种和企业进行示范推广，同时还要加强技术咨询和服务工作，使造纸企业真正取得效益。另一方面，我们还要加强符合国情的造纸化学品专用设备的研究。目前我国造纸化学品的添加工艺设备也十分落后，间歇式为主，人工操作为主，极不适应当前对纸张质量的要求。随着我国淘汰落后产能和技术改造的加快，现代化的造纸装备能力和水平迅速提升。因此，对造纸化学品应用工艺设备的研究应该是今后的重要课题，尤其应加快大型高速纸机造纸化学品综合应用技术与装备的开发。

（六）要大力支持造纸化学品企业向规模化、绿色化、高端化、系列化方向发展

我国造纸行业正在加快由传统造纸业向现代造纸业转变。2013 年产量排在前 30 名的造纸企业，规模均在 50 万 t 以上，百万吨规模的企业已达 15 家。玖珑纸业更是已达 1109 万 t。一家年产 100 万 t 的造纸企业，年需造纸精细化学品 10 000 ~ 30 000 t，如果没有一些上规模的造纸化学品企业，根本无法满足其量的需求；另一方面，造纸化学品尽管用量少，但对纸张质量和纸机运行状况等影响很大。目前我国造纸化学品行业尽管大宗类的产品已相当普及，但尚处于发展初期，企业规模偏小、产量低，质量不稳定，品种少，产品专用性、稳定性差的现象普遍存在，尤其是适应大型高速纸机的化学品差距更为明显。因此，为了适应造纸行业高速发展的需要，造纸化学品企业必须从目前小规模、单品种的格局，向大型化、高端化、绿色化、系列化方向发展，加快做强做大，加大技术改造，联合重组兼并，形成产业规模，提高管理和技术服务水平，从产量、质量、安全环保、产品稳定性和技术服务等方面满足造纸行业的需求。

五、发展建议

1. 要加强专业技术人才的培养。造纸化学品是我国的一个新生产业，起步晚，基础薄弱，且属化工与造纸的交叉领域，专业人才缺乏。大学、科研机构和企业要高度重视和加强造纸化学品专门人才的培养，努力提高自主创新能力。

2. 要加大对造纸化学品领域的科技投入，尤其要加大对国家造纸化学品工程技术研究中心等专门科研机构的扶持，使其真正成为国内一流、国际先进的专业研发平台。

3. 要加强产学研用合作机制的建立，尤其对影响行业发展的一些共性和关键性技术，要加强技术交流和合作。要充分发挥中国造纸化学品工业协会的桥梁和纽带作用，一方面要重视与发达国家的技术交流与合作，另一方面还要重视国内化工、造纸两大行业的交流与合作。

4. 要加快造纸工业急需的造纸化学品项目的研发，结合我国造纸与造纸化学品的国情，建议政府重点支持下述项目的研发。

（1）非木材纤维节约技术和产品的研发：如非木材纤维专用化学品、再生纸专用化学品和纤维替代技术等；

（2）节能减排技术和产品：如高效助留助滤技术、造纸废水综合治理关键技术与产品等研发；

（3）高档纸功能性化学品、特种纸专用化学品的研发；

(4) 造纸化学品绿色化共性和关键性技术研发;

(5) 现代大型高速纸机化学品关键应用技术与装备的研发;

(6) 大宗类造纸化学品(包括淀粉衍生物、聚丙烯酰胺、中性施胶剂、涂布胶乳等)规模化、绿色化、高端化、系列化关键技术与工程工艺的研发。

"十三五"是我国造纸化学品行业快速稳定发展的重大机遇期,希望我国政府进一步支持从事造纸化学品开发应用的科技工作者,抓住机遇,加快发展,为我国造纸工业进一步节约纤维资源、提高纸张质量、开发纸张新品种以及节能减排等做出新贡献。

参考文献

[1] 国家发改委、科技部、工信部、商务部、知识产权局. 当前国家优先发展的高技术产业化重点领域指南. 2011.

[2] 中国造纸协会. 中国造纸工业 2013 年度报告.

[3] 姚献平,陈根荣. 造纸化学品研究与进展[J]. 精细化工,2013,30(4):404 - 411.

姚献平 杭州市化工研究院院长,中国造纸化学品工业协会理事长,国家造纸化学品工程技术研究中心主任,中国石化联合会和化工学会理事。长期从事造纸化学品、淀粉衍生物领域的研发工作,获国家科技进步奖二等奖 1 项,国家级重点新产品奖 7 项,省部级科技进步和技术发明奖一等奖 4 项,其他奖 6 项,发明专利 12 项,中国发明专利优秀奖 1 项。成果转化业绩突出,创建了十多个产业化基地,经济社会效益显著。发表论文 100 多篇,出版专著、合著 6 本。享受国务院特殊津贴,浙江省特级专家,为部省市一层次拔尖人才,浙江省有突出贡献的优秀科技工作者和创业新星,"侯德榜化工科学技术奖——创新奖"获得者,2011 年获国家"十一五"科技计划突出贡献奖和科学中国人年度人物,为十一届全国人民大会代表。

青钱柳叶黄酮的分离提纯及结构鉴定

应瑞峰,范龚健,李婷婷,方升佐,吴彩娥

南京林业大学轻工科学与工程学院,江苏南京

摘　要:青钱柳叶黄酮提取液经 AB－8 型大孔吸附树脂吸附纯化后,葡聚糖凝胶柱对其黄酮类化合物层析,然后用制备型高效液相色谱(HPLC)制备、纯化,得到2个黄酮类化合物,分别记为化合物Ⅰ、Ⅱ。利用高效液相色谱、液质联用技术和核磁共振对上述分离得到的2种黄酮类化合物进行分析鉴定,结果表明:这两种物质为异槲皮素 3－O-glucoside of quercetin 的同分异构体,纯度达到 98.00%。

关键词:青钱柳;黄酮;提取;异槲皮素

Extraction, Chemical Composition of Flavonoids from Cyclocarya Paliurus (Batal.) Iljinskaja Leaves

Ruifeng Ying, Gongjian Fan, Tingting Li, Shengzuo Fang, Cai'e Wu

College of Light Industry of Science and Engineering, Nanjing Forest University, Nanjing, China

Abstract: Flavonoids extract from Cyclocarya paliurus (Batal.) Iljinskaja leaves were adsorbed and purified by AB－8 macroporous resin, and then Sephadex column chromatography was used to separate the Cyclocarya paliurus flavonoids. After preparation and purification by high performance liquid chromatography (HPLC), 2 flavonoids, respectively, compounds I and II were obtained. HPLC, LC - MS (liquid chromatography-mass spectrometry) and NMR were used for analysis of the two flavonoids, respectively. The results showed that the two substances were two isomers of isoquercetins (3 - O - glucoside of quercetin), and the purity reached 98.00%.

Key words: Cyclocarya paliurus; flavonoids; extraction; isoquercetin

一、概述

青钱柳[*Cyclocarya paliurus* (Batal) Ijinskaja]是双子叶植物纲胡桃科青钱柳属(*Cyclocarya Ijinsk*)植物,是我国特有的单属种植物,也是国家重点保护的濒危植物之一,为二类保护植物[1]。青钱柳广泛分布于海拔420~2500 m的山区、溪谷或石灰岩山地,在江西、浙江、江苏、安徽、福建、台湾、湖北、四川、贵州、云南等地有着较多的分布[2]。据《中国中药志要》记载,青钱柳的树皮、树叶具有清热解毒、止痛的功能,常用于治疗顽癣[3]。研究发现,青钱柳叶的主要化学成分包括黄酮类化合物、甾体类化合物、内酯、香豆精、皂苷、氨基酸,以及丰富的矿质元素,尤以黄酮和黄酮类化合物含量最为丰富[4-10]。青钱柳提取物有降血糖、降血压、降血脂等生理活性,并有增强肌体免疫力、抗氧化和防止衰老等功能;同时具有抗肿瘤和抑菌作用,能防治糖尿病、冠心病和神经衰弱等疾病,用其叶子配制成的青钱柳降血糖茶在临床上已使用多年[6,11-20]。青钱柳具有丰富的生物活性功能,引起国内外学者的广泛关注。目前从青钱柳叶中分离得到的黄酮类化合物主要为黄酮醇及其黄酮醇苷类。黄酮醇有山柰酚、槲皮素和3,6,3′,5′-四甲氧基-5,7,4′-三羟基黄酮醇;黄酮醇苷类有山柰酚-3-*O*-β-D-吡喃葡萄糖醛酸苷、山柰酚-3-*O*-β-D-吡喃葡萄糖醛酸钠盐、山柰酚-7-*O*-α-L-鼠李糖、山柰酚-4′-甲醚-7-*O*-β-D-甘露糖苷、槲皮素-3-*O*-β-D-葡萄糖醛酸钠盐、槲皮素-3-*O*-α-L-鼠李糖苷、杨梅素-3-*O*-β-D-葡萄糖醛酸钠盐和异槲皮苷[4,5,8-10]。谢明勇等(2003)从青钱柳叶中首次分离得到了3个黄酮类单体化合物:山柰酚(Kaempferol)、槲皮素(Quercetin)和异槲皮苷(Isoquercitrin)[7]。谢建华等(2014)从青钱柳叶中提取了四种黄酮类单体化合物,分别为槲皮素-3-*O*-β-D-葡萄糖醛酸苷,槲皮素,山柰酚-3-*O*-β-D-葡萄糖醛酸苷,山柰酚-7-*O*-α-L-鼠李糖苷和山柰酚,并证明其有较好的抗氧化性[21]。本研究对青钱柳叶中黄酮类物质进行分离提纯并对其结构进行鉴定,其实验结果对青钱柳黄酮类成分的研究有着重要的理论意义和应用价值。

二、材料与方法

（一）材料与试剂

青钱柳叶选自江苏镇江市苗圃基地的 3 年生青钱柳，9 月份采摘，120℃烘干。青钱柳干叶粉碎，过 40 目筛，储存备用。AB－8 型大孔树脂，化学纯，沧州宝恩化工有限公司；Sephadex LH－20，化学纯，上海如吉生物科技发展有限公司；其他化学试剂均为分析纯；实验用水为超纯水。

（二）仪器与设备

ULTRASONIG CLEANER 超声仪，南京先欧仪器制造有限公司；QT－58A 智能紫外检测仪，上海琪特分析仪器有限公司；TU－1800PC 紫外可见分光光度计，北京普析通用仪器有限责任公司；Waters－e2695 高效液相色谱仪，美国 Waters 公司；Waters－1525 高效液相色谱仪，美国 Waters 公司；BRUKER TENSOR 27 红外光谱仪，北京中教金源科技有限公司；液质联用仪 Agilent 1100 HPLC，美国 Agilent 公司；Waters Q－TOF MicroTM，美国 Agilent 公司；AV－500 核磁共振仪，Bruker 公司。

（三）提取与分离纯化

1. 青钱柳粗黄酮类化合物的提取

称取一定量的青钱柳叶干燥粉末用甲醇（液料比为 10）30℃下超声波提取 45 min，重复 3 次；抽滤得滤液，真空浓缩后将提取物悬于水中，滤去不溶物后于水溶液中加石油醚进行萃取（石油醚∶水＝3∶1），重复 3 次，以除去亲脂性杂质和色素类物质；萃取除去脂溶性杂质后的水相，再用氯仿萃取（氯仿∶水＝3∶1），重复 3 次，留取水相溶液浓缩干燥，得青钱柳粗制总黄酮。青钱柳黄酮提取物旋转蒸发浓缩得到浸膏，将黄酮浸膏悬于水中，用石油醚萃取除去色素和脂溶性杂质，留取水相溶液，再用氯仿萃取除去极性小的物质，极性大的物质留在水相中。

2. 黄酮粗提物大孔树脂的分离纯化。

采用静态吸附法分离纯化青钱柳黄酮类物质：① 大孔树脂预处理：用甲醇浸泡适量 AB－8 型大孔树脂 24 h，使大孔树脂充分溶胀，继续用甲醇洗涤树脂，至流出的甲醇洗剂液与相同体积的双蒸水混合不显白色浑浊，再用双蒸水反复洗涤，直至无醇味，备用。② 大孔树脂吸附精制工艺：称取一定量的预处理后的 AB－8 型大孔树脂，置具磨口锥形瓶中，加入黄酮粗提液水相部分溶液，液料比为 10；置于 25℃恒温水浴摇床振荡吸附，至上层液吸光度恒定时终止吸附，静置取上清液测黄酮类化合物质量浓度;除去上层清液,将上述吸附饱和的树脂用水洗至 Molish 反应呈阴性,再在锥形瓶中加入与水相溶液等量的甲醇,置于 25℃恒温水浴摇床振荡解吸附,至上层液吸光度恒定时终止解吸,静置取上清液测黄酮类化合物质量浓度,得到经大孔树脂纯化的黄酮类化合物,浓缩干燥。

大孔树脂的吸附动力学特征:称取 1.0 g AB－8 型大孔树脂,加入 10 mL 青钱柳叶黄酮提取液进行静态吸附试验,按下式计算不同吸附时间内黄酮成分的质量比(吸光度比);以时间为横坐标,质量比为纵坐标,绘制总黄酮的吸附动力学曲线。通过吸附学曲线特征可反映出,随时间的延长,大孔树脂对样品分子吸附量的变化趋势。

$$Q = \frac{(C_0 - C_1) \times V}{M}$$

式中:Q 为吸附量/质量($mg \cdot g^{-1}$);C_0 为吸附前溶液中青钱柳黄酮的质量浓度($mg \cdot mL^{-1}$);C_1 为吸附后溶液中青钱柳黄酮的质量浓度($mg \cdot mL^{-1}$);V 为溶液体积(mL);M 为树脂的质量(g)。

3. 葡聚糖凝胶柱层分离纯化

采用葡聚糖凝胶柱层进一步分离纯化。试验将洗脱剂定位为甲醇－水系统。将经过 2.6 cm×50 cm 柱层析纯化后的黄酮类物质,分步收集各洗脱液,浓缩干燥,所得粗黄酮粉末用少量水溶解,按照优化的工艺条件,进行二次葡聚糖凝胶柱(1.2 cm×30 cm)层析,以便分离纯化得到青钱柳黄酮单体。

(四) 结构鉴定

1. 高效液相色谱

分析型 HPLC 的检测条件为如下。美国 Waters-E2695,UV－2489 检测器;色谱条件为色谱柱:SunFire－C18(4.6 mm×250 mm,5μm);柱温:30℃;进样量:10 μL;流速:1.0 mL/min;灵敏度:2.000AUFS;检测波长:210 nm;流动相:乙腈:水＝20:80(柱层析法所得黄酮样品)。根据色谱峰出峰时间分别接收各流分,进行检测分析。

2. 液相色谱－质谱联用

取经过制备型 HPLC 精制纯化后的黄酮化合物进行液质联用检测,仪器型号为:Agilent 1100 HPLC,Waters Q－TOF MicroTM。LC 条件如下。色谱柱:Zorbax SB－C18(150 mm×4.6 mm,5 μm);柱温:30℃;流速:1.0 mL/min;流动相:水:乙腈＝80:20(柱层析法所得黄酮样品),UV:210 nm;进样量:5 μL。质谱条件如下。离子化方式:ESI(－);质量扫描范围:m/z 105～1500;毛细管电压:2500 V;锥孔电压:25 V;离子源温度:100℃;雾化气温度:200℃;锥孔气流速:

50 L/h;雾化气流速:400 L/h。

3. 红外光谱

本试验采用压片法处理样品:称取 1 ~ 2 mg 黄酮试样与 200 mg 纯溴化钾烘干处理,将其混合并研磨到粒度 < 2 μm,置于模具中并用油压机压成透明薄片,即为待测样品。黄酮样品红外光谱检测条件为如下。仪器:BRUKER TENSOR 27;分束器:KBr,多层涂覆;干涉仪:ROCKSOLIDTM 干涉仪。检测器如下。DLaTGS 检测器;光谱扫描范围:4000 ~ 400 cm^{-1};分辨率:4 cm^{-1};光阑设置:6 mm;扫描速度:10 kHz。

4. 核磁共振谱

溶剂:MeOD;内标:四甲基硅烷(TMS);测定温度:303 K。

三、结果与讨论

(一)大孔树脂静态吸附青钱柳黄酮

黄酮类化合物常用醇类溶剂提取,超声波提取可提高有效物质的溶出率[21,22]。由图 1 可知,树脂吸附的动力学过程为:在静态吸附的初始阶段吸附容量较小,随着时间的延长吸附量增大,在吸附 6 h 后达到平衡,因此确定最佳吸附时间为 6 h。经计算,大孔树脂吸附纯化后黄酮类物质的回收率为 72.21%,纯度达到 36.14%,比初提物纯度提高 2.1 倍,较好地除去了水溶性的糖类等杂质,效果较佳。

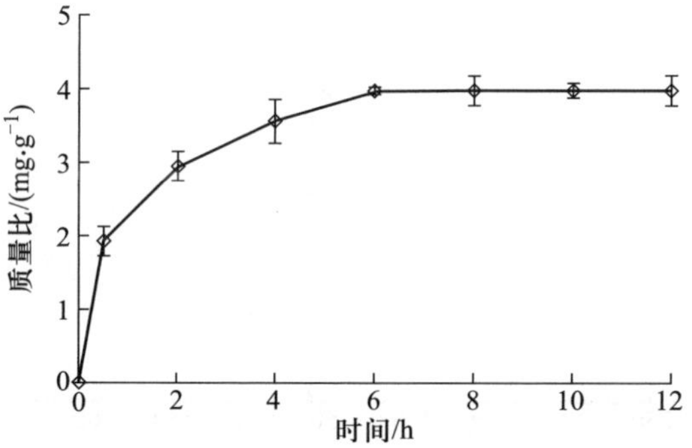

图 1 AB-8 型大孔树脂的静态吸附曲线

(二)分离纯化及结构鉴定

黄酮粗体物采用 2.6 cm × 50 cm 的凝胶层析柱初步纯化,用 1.2 cm × 30 cm 凝胶柱反复柱层析纯化,取得了良好的纯化效果。在葡聚糖凝胶柱层析分离纯化中,本试验洗脱剂梯度使青钱柳黄酮类物质达到良好的分离效果。试验采用逐步细化洗脱剂梯度的方法,进行反复葡聚糖凝胶柱层析纯化青钱柳叶黄酮类物质,以制备得到青钱柳黄酮单体样品。通过筛选,得到了甲醇:水 =20:80,50:50,80:20,100:0 的线性梯度洗脱方案;收集 80:20 ~ 100:0 的洗脱组分,再用 1.2 ×30 cm 的小凝胶柱反复柱层析,能够有效、快速地分离收集黄酮类物质。在试验中发现,葡聚糖凝胶(Sephadex LH – 20)对被分离物质达到较好的分离效果,适用于黄酮类物质的分离纯化。经葡聚糖凝胶柱层析纯化后青钱柳黄酮的纯度达到 75.4% ,比粗提物纯度(17.6%)提高了 4.28 倍。通过图 2 HPLC 图谱分析,本试验通过大孔吸附树脂和 SephadexLH – 20 柱层析法,得到 2 个黄酮类化合物,分别为化合物 I 和 II,纯度达到 98% 。

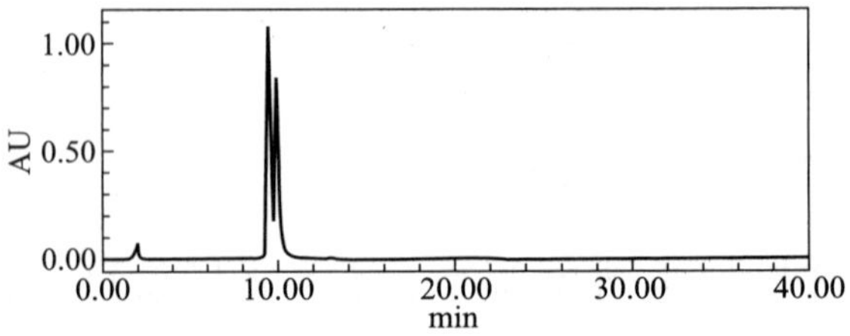

图 2　化合物 I 和 II 的分析 HPLC 图谱

化合物 I 和 II 分子离子峰为基峰或强峰,并且质谱图中的碎片离子较少,则表明该化合物为高稳定性分子,可能为芳烃或稠环化合物。由图 3 ES – 图谱确定,化合物 I 的 m/z 463[M – H],相对分子质量为 464。

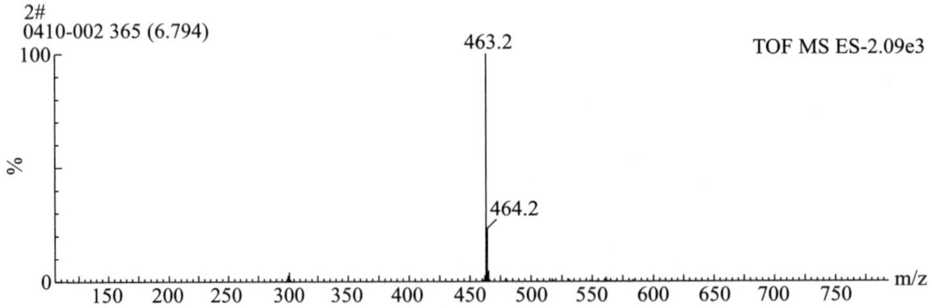

图 3　化合物 I 和 II 的质谱图

依据图 4 红外图谱,推测化合物 I 和 II 含官能团 – OH、共轭双键及芳环,结合核磁共振谱法的氢谱、碳谱与二维核磁共振谱,推断这两种物质为异槲皮素(3 – *O*-glucoside of quercetin)的两种同分异构体,Quercetin 3 – *O* – β – D-glucopyranoside 与 Quercetin 3 – *O* – α – D-glucopyranoside。

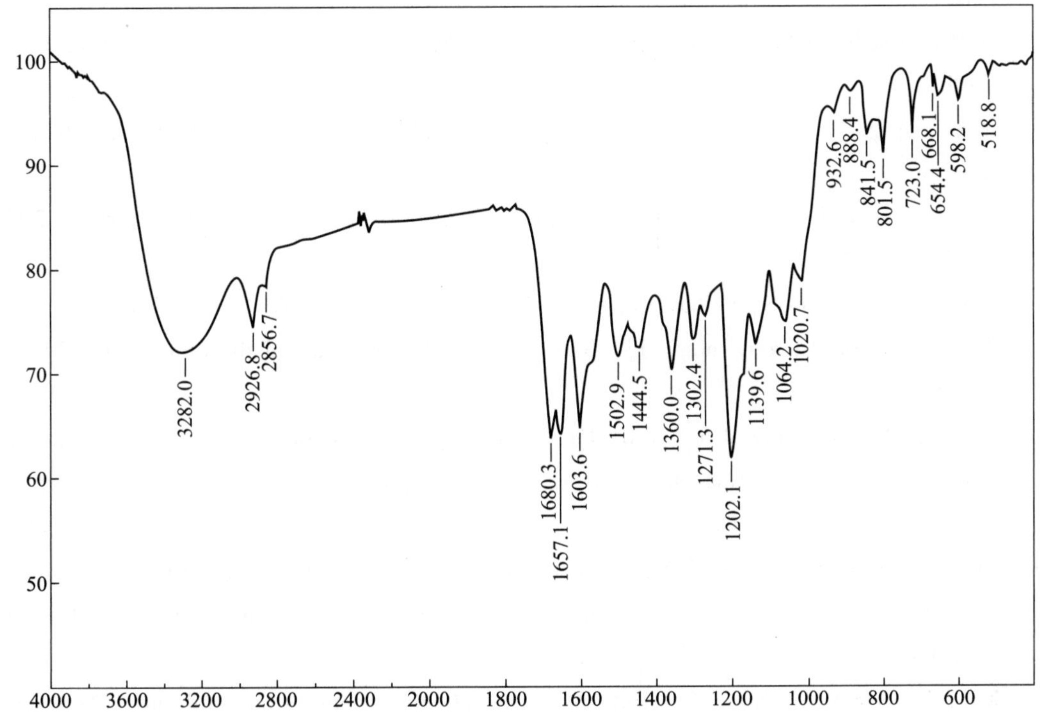

图 4　化合物 I 和 II 的红外光谱图

四、结　论

青钱柳黄酮是青钱柳主要有效成分之一,但目前关于青钱柳黄酮单体的制备报道较少。本试验通过研究青钱柳黄酮类化合物的分离纯化工艺以及对纯化后的青钱柳黄酮单体进行结构鉴定,期望为其构效关系的研究奠定基础。

参考文献

[1] 中国科学院中国植物志编辑委员会. 中国植物志 (21)[M]. 北京: 科学出版社, 1979.

[2] 应俊生, 张玉龙. 中国种子植物特有属[M]. 北京: 科学出版社, 1994.

[3] 中国药材公司. 中国中药资源志要[M]. 北京: 科学出版社, 1994.

[4] 李俊, 陆园园, 李甫, 等. 青钱柳化学成分的研究[J]. 中药材,2006, 29: 441 - 442.

[5] 李俊, 陆园园, 许子竞,等. 青钱柳中黄酮成分的研究[J], 中药材, 2005, 28:158 - 1059.

[6] 谢明勇, 谢建华. 青钱柳研究进展[J]. 食品与生物技术学报, 2008, 1: 2008, 113 - 121.

[7] 谢明勇, 余迎利, 王远兴, 等. 青钱柳黄酮化合物结构及含量[J]. 南昌大学学报(理

科版),2003, 27: 49 -52.

[8] 易醒,石建功,周光雄,等. 青钱柳化学成分研究[J]. 中国中药杂志, 2002, 27: 43 -45.

[9] 张娟,路金才,肖凯,等. 青钱柳水溶性成分的研究[J]. 药学实践杂志, 2007, 25: 82 -84.

[10] 张晓琦,叶文才,殷志琦,等. 青钱柳的化学成分研究枀[J]. 中国中药杂志, 2005, 30: 791 -792.

[11] Kurihara H, Asami S, Shibata H, et al. Hypolipemic effect of *Cyclocarya paliurus* (Batal) Iljinskaja in lipid-loaded mice[J]. Biological and Pharmaceutical Bulletin, 2003, 26: 383 -385.

[12] Xie J H, Liu X, Shen M Y, et al. Purification, physicochemical characterisation and anticancer activity of a polysaccharide from *Cyclocarya paliurus* leaves[J]. Food Chemistry, 2013, 136: 1453 -1460.

[13] Xie J H, Shen M Y, Xie M Y, et al. Ultrasonic-assisted extraction, antimicrobial and antioxidant activities of *Cyclocarya paliurus* (Batal.) Iljinskaja polysaccharides[J]. Carbohydrate Polymers, 2012, 89: 177 -184.

[14] Xie J H, Xie M Y, Nie S P, et al. Isolation, chemical composition and antioxidant activities of a water-soluble polysaccharide from *Cyclocarya paliurus* (Batal.) Iljinskaja[J]. Food Chemistry, 2010, 119: 1626 -1632.

[15] Xie M Y, Li L, Nie S P, et al. Determination of speciation of elements related to blood sugar in bioactive extracts from *Cyclocarya paliurus* leaves by FIA - ICP - MS[J]. European Food Research and Technology, 2006, 223: 202 -209.

[16] 葛霞,陈婷婷,蔡教英,等. 青钱柳多糖抗氧化活性的研究[J]. 中国食品学报, 2011, 5: 59 -64.

[17] 黄明圈,上官新晨,徐明生,等. 青钱柳多糖降血脂作用的研究[J]. 江西农业大学学报, 2011, 1: 157 -161.

[18] 李婷婷,吴彩娥,方升佐,等. 青钱柳冲剂对糖尿病小鼠的降血糖功效[J]. 食品科学, 2012, 15: 287 -290.

[19] 上官新晨,陈木森,蒋艳,等. 青钱柳多糖降血糖活性的研究[J]. 食品科技, 2010, 3: 82 -84.

[20] 杨武英,上官新晨,徐明生,等. 青钱柳黄酮对 α - 葡萄糖苷酶活性及小鼠血糖的影响[J]. 营养学报, 2007, 29: 507 -509.

[21] Xie J H, Dong C J, Nie S P, et al. Extraction, chemical composition and antioxidant activity of flavonoids from *Cyclocarya paliurus* (Batal.) Iljinskaja leaves[J]. Food Chemistry, doi: 10. 1016/j. foodchem. 2014. 06. 106.

[22] 吴彩娥,方升佐,冯宗帅,等. 青钱柳叶总黄酮大孔树脂纯化工艺[J]. 农业机械学报, 2009, 40: 133 -137.

改性 SiO_2 包覆纳米零价铁强化厌氧降解造纸废水中的氯代物

万金泉

华南理工大学制浆造纸工程国家重点实验室，广东广州

摘 要：制浆造纸废水中含有的氯代难降解有机污染物对环境的危害尤为严重。本研究提出一种改性的 SiO_2 包覆型纳米零价铁，用于强化厌氧生物脱氯系统，并研究纳米零价铁/厌氧微生物体系的协同脱氯机制。结果表明，介孔 SiO_2 层包覆在纳米铁表面形成的网状介孔膜，能够抑制反应体系中 O_2 迁移到纳米铁表面，增强纳米零价铁的抗氧化性和还原脱氯性能，对 2,4 - DCP 的去除率提高约 40%。同时改性纳米颗粒能对厌氧微生物降解 2,4 - DCP 有明显促进作用，能够直接还原脱氯，降低协同体系 2,4 - DCP 浓度，抑制氯代有机物对功能微生物菌群的毒性作用和中间产物累积，将厌氧微生物 2,4 - DCP 去除率从 73% 提高到 96%，并通过颗粒表面的持续腐蚀，释放 Fe^{2+}/Fe^{3+} 和 H_2，为厌氧微生物提供电子供体，促进厌氧微生物生长。

关键词：造纸废水；氯代有机污染物；SiO_2 包覆纳米铁；厌氧生物处理

一、概述

造纸工业是与国民经济密切相关并有着广泛发展前景的产业。然而，在制浆造纸业发展迅速的同时，造纸废水污染始终是制约我国造纸工业可持续发展的重要瓶颈之一，具有排放量大、污染负荷高、成分复杂、毒性大、难生物降解等特点。其中传统元素氯漂白和以二氧化氯为漂白剂的无元素氯（ECF）漂白工艺中产生的氯代有机污染物的污染中尤为突出。造纸废水中以含氯芳香族有机化合物为主的氯代有机污染，是具有致癌性、致畸性、致突变性等生物毒性的一类持久性有机污染物，已经被多国列入水污染治理的优先控制的污染物（Priority Pollutant）名单中。虽然目前检测到的氯代有机污染物占造纸废水中有机污染物总量中的较少部分，但其生物毒性和难降解的特性严重影响造纸废水处理体系的稳定和去除效率，同时它们能够在循环回用水中不断累积，并残留在达标排放水中进入到水环境。因此，加强去除造纸废水中氯代有机污染物的研究具有

重要的实际意义。

近年来国内外开展的强化氯代有机污染去除的研究，包括光催化降解超声波降解、Fenton 降解、金属及金属化合物降解电化学降解，臭氧降解等[1,2]。物理、化学方法处理成本都偏高，并且不容易实现工程应用。因此，如何在造纸工业已大规模应用的微生物处理系统中，强化氯代有机污染物等有毒物质的去除，是目前的研究重点和难点。厌氧或缺氧微生物体系中氧化还原电位低，电子云密度较低的苯环更容易在生物酶的作用下实现亲核取代，是主要的微生物脱氯脱毒处理技术。但在厌氧条件下，由于氯代芳香族有机物本身的芳环结构和氯代原子存在而具有很强的毒性和抗降解能力，直接影响厌氧微生物系统中产甲烷菌等功能微生物菌群的结构和功能，降低对污染物的降解速率[3,4]。此外，氯代有机物降解的关键步骤是还原脱氯，还原脱氯是一个电子消耗过程，氯代有机物作为还原脱氯过程中的电子受体，而微生物体系中缺乏电子供体，也制约着氯代有机污染物的降解速率的提高[1,5]。

因此，以纳米零价铁和零价铁为代表的电子供体被用于构建厌氧微生物/零价铁协同脱氯的体系。研究结果已经表明，纳米零价铁能够直接还原降解氯代有机污染物，为厌氧微生物创造了有利于其生长的环境，并能够通过表面腐蚀为氧化剂提供电子，在反应过程中降低了厌氧体系中的氧化还原电位，有利于厌氧脱氯代谢。但目前尚不能提供高活性的纳米零价铁颗粒，也不能从理论上解释纳米零价铁对厌氧微生物脱氯机制的影响[6-9]。因此，通过改性合成高活性的纳米零价铁颗粒，阐明纳米零价铁和厌氧功能微生物活性、脱氯途径的影响关系，并对协同体系中影响脱氯效率的因素进行调节，可以实现造纸工业废水氯代有机物的源头控制和无害化处理。

二、实验方法

（一）SiO_2 包覆纳米零价铁（NZVI@SiO_2）的制备

采用改进的溶胶－凝胶法一步制备获得 SiO_2 包覆纳米零价铁颗粒。具体步骤如下：在含有 PEG－400 分散剂的异丙醇/水体系内通过液相还原获得纳米级零价铁颗粒，然后在惰性气体 N_2 的保护下，加入一定量的正硅酸乙酯（TEOS），通过 SiO_2 的水解在纳米零价铁颗粒表面形成包覆层。反应结束后在厌氧操作箱中，进行负压真空过滤，过滤于 60℃ 下进行真空干燥 24 小时，待冷却降温后方可取出备用。

（二）改性纳米颗粒的扫描电镜（SEM）和能谱（EDS）分析

采用高分辨率扫描电镜 LEO1530VP（Germany，Leo Corporation Ltd）研究改

性前后纳米颗粒的表面结构变化及包覆层形态。同时采用能量谱仪 Inca300（Britain，Oxford）分析改性前后纳米颗粒表面元素组成变化。将样品置于超声波清洗机内进行静态分散，分散后滴在覆有铝箔的样品台上风干，喷金后测试。测试条件：加速电压，0.3～30 kV；分辨率，3 nm（二次电子像）；放大倍率，5×～300 000×。

（三）氯酚的高效液相色谱（HPLC）和液相色谱－质谱联用分析仪（LC－MS）测试

利用高效液相分析仪 LC－2010A（Japan，Shimadzu）和液相色谱－质谱分析仪 1100 series/ Esquire HCT PLUS（USA，Aglient / USA Bruker Daltonics）对 2，4－DCP氯酚及降级中间产物进行分析。反应后取水样经离心机 4000 r/min 转速离心 10 min 后，再用孔径为 0.22 μm 的微滤膜（水相）过滤分析。液相色谱测试条件如下。色谱柱为 Hyper Clone 5U ODS（C18）柱；流动相为甲醇：水＝80:20，流速为 0.7 mL/min；进样体积为 20 μL；检测波长为 254 nm。质谱条件如下。离子源 APCI（－）；扫描范围（m/z）：100～250；毛细管出口电压：－85 V；毛细管电压：2500 V；干燥气：N_2；干燥气温度：320℃；扫描方式：全扫描；定量方式：选择离子监测（SIM）。

（四）厌氧微生物/纳米零价铁协同脱氯体系产甲烷活性分析

采用比产甲烷活性（SMA）分析在氯酚抑制下，NZVI@ SiO_2 对厌氧系统的产甲烷菌的活性的影响关系。将间歇性测定的各反应器内每小时的产甲烷量转换成为累积产甲烷量，得到累计产甲烷量随反应时间的变化规律，并采用最大比产甲烷速率表示厌氧微生物系统活性：

$$U_{max} \cdot CH_4 = (24K/X \cdot V_R)(T_0/T_1) \quad (1)$$

式中：$U_{max} \cdot CH_4$ 为最大比产甲烷，mL CH_4/（gVSS · d）；K 为累积产甲烷量－时间曲线上直线段的斜率，mL CH_4/H；X 为反应器内平均 VSS 的浓度，g/L；V_R 为反应器内反应区的容积，mL；T_1 为反应温度，K；T_0 为 273 K。

（五）X 射线衍射（XRD）测定

采用德国 Bruker 公司的 X 射线衍射仪（D8 Advance）分析 SiO_2 包覆下纳米零价铁的表面的晶型结构。将样品置于真空干燥箱中干燥 12 h。测试条件：铜靶，LynxExe 阵列探测器，40 kV，40 mA，扫描步长 0.02 度，扫描速度 17.7 s/步。

三、结果与讨论

（一）SiO_2 包覆型纳米零价铁的性能及特性表征

纳米铁颗粒由于粒径小而具有活性高、比表面积大等特点，使其在降解难降解有机物方面具有独特的优势。但同时由于表面效应，容易造成纳米铁颗粒团聚结块，高的表面反应活性也易导致材料不稳定和钝化失活的现象，为纳米铁颗粒的制备和应用带来了巨大的困难。因此，通过表面修饰可以降低纳米材料的表面能，改变或改善纳米颗粒的分散性，提高纳米颗粒的表面活性或保护表面活性，以适应不同的应用要求。图 2 为利用高分辨率扫描电镜和透射电镜分析改性后纳米铁颗粒的表面结构（A）、包覆层形态（B）和表面化学元素组成（C）。

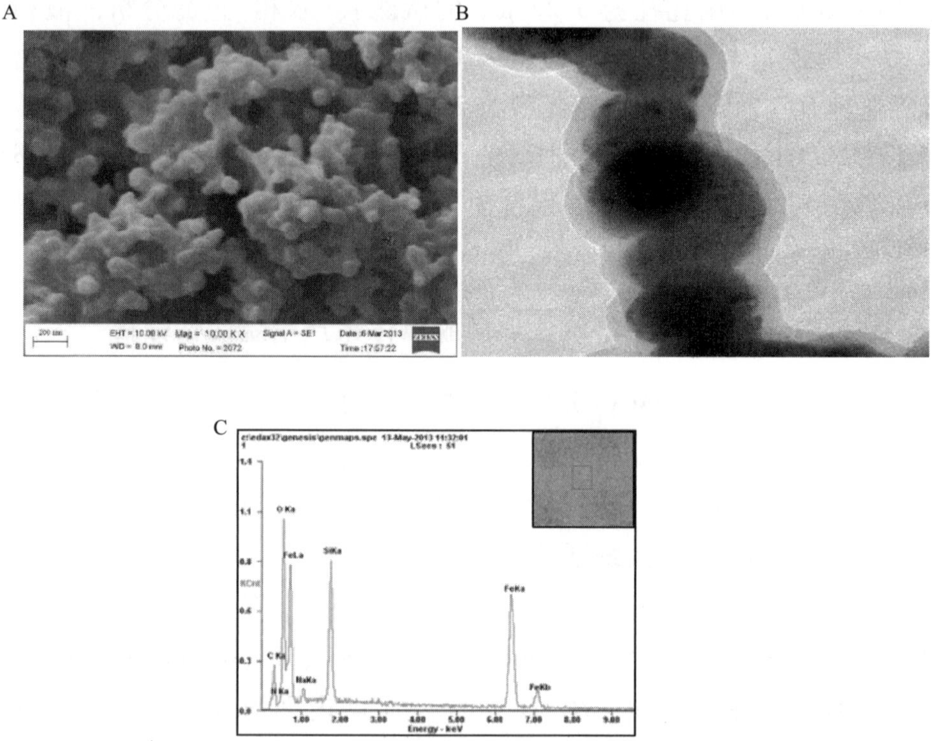

图 2　改性纳米零价铁颗粒的表面形态及元素分析

由图 2（A）可以看出，经过二氧化硅层的包覆，改性后纳米零价铁粒径增大，表面光滑，呈现球形，在空间的分散性较好。由图 2（B）所示的 TEM 电镜图，可以看出，NZVI@ SiO_2 属于核壳结构，纳米铁颗粒的粒径为 80 ~ 100 nm，而外层包覆着一层透明的薄膜，即为 SiO_2 网状结构，厚度为 8 ~ 20 nm。NZVI@ SiO_2 呈现明显的链状结构，这主要是因为 SiO_2 水解的过程是由于羟基之间的结合完成的,在正硅酸乙酯(TEOS)以 NZVI 为核进行水解包覆的过程中,相邻 NZVI 颗粒的包覆层之间的羟基交叉结合而形成了链状结构。此外,由图 2(C)能谱分析图(EDS)看出,纳米颗粒表面主要含有 C、O、Si、Fe 等四种元素,根据二氧化硅包覆型纳米零价铁的制备原理及制备过程可知,其表面主要物质为 SiO_2、Fe。结合图 3,改性后的纳米颗粒主要物质仍为单质铁,而氧元素的重量百分比占其次,主要原因在于体系中二氧化硅是以 Si - O - Si 的形式包覆于铁单质表面。综上所述,改性后 SiO_2 包覆型纳米铁颗粒在表面形态、结构及组成都有明显改变,从而进一步影响纳米铁颗粒的性质。

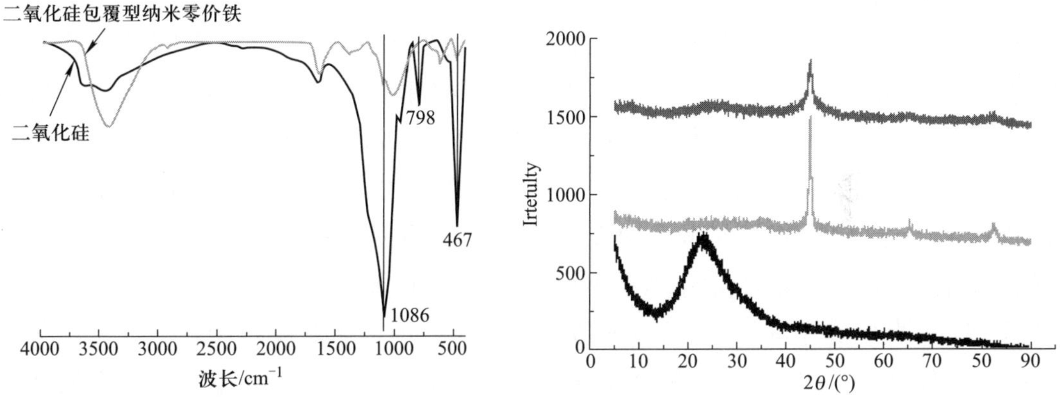

图 3 改性前后纳米零价铁表面基团及晶型结构分析

对比研究改性后 NZVI@ SiO_2 和 NZVI、纳米 SiO_2 对 2,4 - DCP 的去除效果结果,见图 4(A)。NZVI@ SiO_2 颗粒对比 NZVI 及单纯纳米 SiO_2 颗粒对 2,4 - DCP 的去除效果表明,改性对纳米铁颗粒还原降解 2,4 - DCP 能力上具有很大的作用,提高近 40%。此外,由图 4(B)空气增重暴露试验结果显示,包覆后的

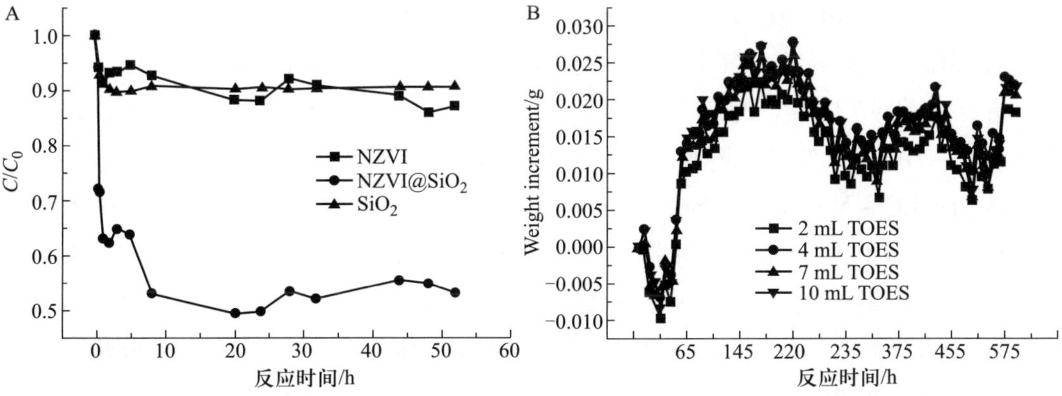

图 4 SiO_2 包覆对纳米零价铁脱氯性能和抗氧化性的影响

纳米铁延缓纳米铁的钝化，有效提高纳米铁的抗氧化性，抑制其在反应过程中还原能力降低，因此 SiO_2 包覆 NZVI 这种方法可以有效拓宽纳米铁的应用领域并提高其应用效率。SiO_2 包覆纳米铁去除 2,4 – DCP 的机制包括两个方面，一方面是通过 SiO_2 形成的大比表面积的介孔结构的吸附作用来实现，这部分由纳米 SiO_2 贡献了 13% 的去除率，另一方面是通过改性保持纳米铁的还原能力使 2,4 – DCP 脱氯去除，这部分贡献了近 40% 的去除率。

（二）SiO_2 包覆纳米零价铁强化厌氧微生物体系脱氯的机制分析

由于纳米铁在对氯代有机物脱氯的过程中没有选择性，导致脱氯后的产物种类多，缺乏有效的矿化降解途径，难以独立地实现氯代有机污染物的无害化处理，引起了研究者的很大的争论。因此，如何构建纳米零价铁/微生物协同降解体系，利用纳米零价铁还原特性，提高微生物系统氯代有机物的降解彻底性是纳米零价铁还原脱氯技术在环境体系应用时所必须关注的问题。改性的纳米颗粒 NZVI@ SiO_2 对厌氧微生物体系中 2,4 – DCP 去除率（A）、pH（B）和 ORP（C）的影响，如图 5 所示。实验表明，NZVI@ SiO_2/厌氧颗粒污泥体系中对 2,4 – 二氯酚的降解效率明显高于单独厌氧污泥以及单独零价铁的体系。105 小时后三体系脱氯体系对 2,4 – DCP 去除率分别为 96.7%，73.2%，42.9%。此外，不同体系中的 pH 和 ORP 的变化不尽相同。其中差异最大的为独立厌氧颗粒污泥体系，随着厌氧微生物暴露在 2,4 – 二氯酚的毒性作用下，体系 pH 呈现先快速下降后逐渐趋于平缓，pH 值稳定在 5.4 左右，厌氧系统存在酸化趋势。然而，在 NZVI@ SiO_2/厌氧颗粒污泥协同体系中的 pH 和 ORP 随时间的变化趋势为先下降后趋于平缓，最终 pH 值稳定在 7.0，ORP 值稳定在 –400 mV，主要是由于随着 pH 值的降低纳米零价铁的腐蚀加快，腐蚀产生的 OH^- 可平衡酸性环境中的 H^+，从而稳定了体系的 pH 值，为厌氧微生物提供了良好的生长环境，保持了体系严格的厌氧环境，这表明纳米零价铁在协同体系中发挥了一定的缓冲作用。

进一步研究了独立的厌氧微生物系统和 NZVI@ SiO_2/厌氧微生物协同体系降解 2,4 – DCP 的产物及降解路径，将两个系统降解 2,4 – DCP 的产物进行液相 – 质谱（HPLC – MS）定性分析。由表 1 可以看出，改性纳米颗粒能对厌氧微生物降解 2,4 – DCP 有明显促进作用，但 NZVI@ SiO_2/厌氧微生物协同体系和独立的厌氧微生物系统对 2,4 – DCP 的降解路径是相同的，NZVI@ SiO_2 主要影响厌氧微生物的降解速率和去除效果，这都表明 NZVI@ SiO_2 进入厌氧微生物系统并不影响厌氧微生物在脱氯过程途径和机制，对厌氧微生物影响较小。另一方面 NZVI@ SiO_2 在体系中直接还原脱氯，降低体系 2,4 – DCP 浓度，抑制氯代有机物对功能微生物菌群的毒性作用和中间产物累积。

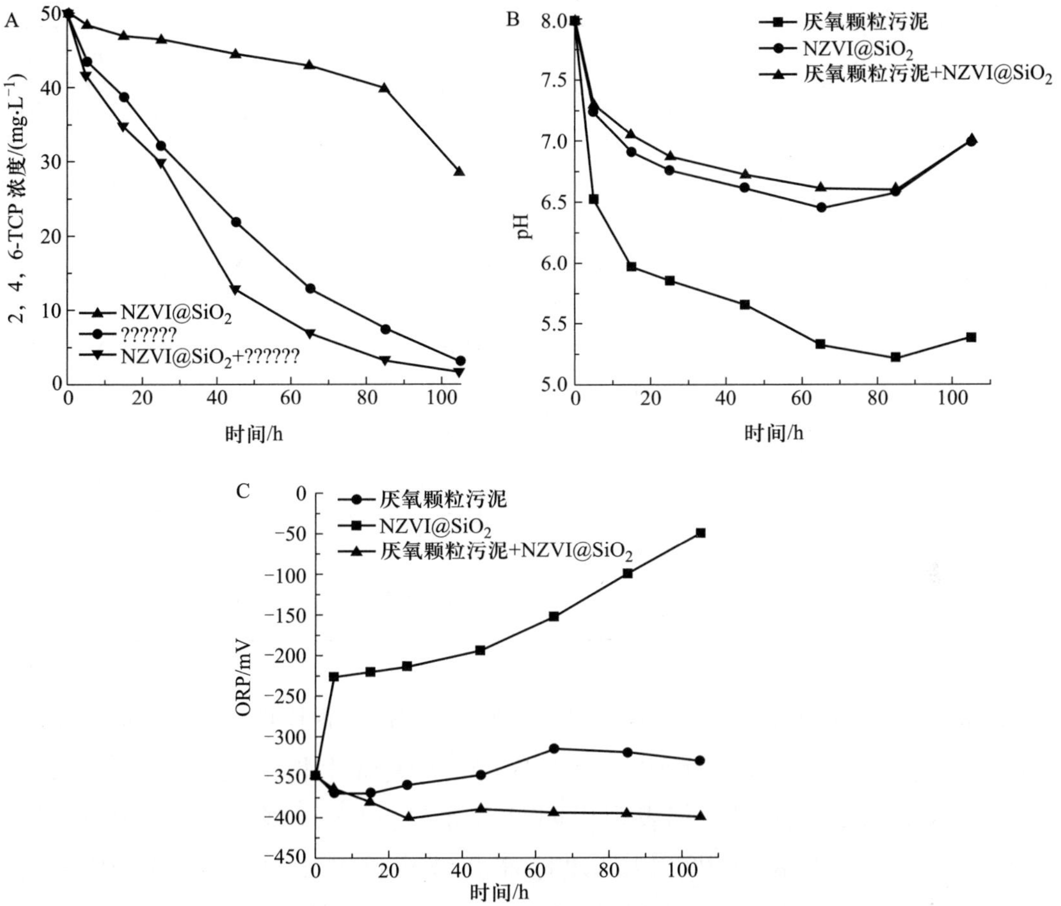

图 5　SiO_2 包覆纳米零价铁对厌氧微生物体系中 2,4 - DCP 去除率(A)、pH(B)和 ORP(C)的影响

表 1　HPLC/MS 检测的独立厌氧体系(AGS)和 NZVI@ SiO_2/厌氧微生物协同体系(NZVI@ SiO_2/AGS)降解 2,4 - DCP 中间产物的对比分析

组分	结构	停留时间	体系	反应时间/h				
				0	2	5	10	30
2,4 - 二氯酚	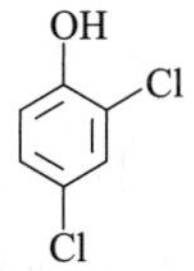	5.635	AGS	√	√	√	√	√
			AGS/NZVI@ SiO_2	√	√	√	√	√

续表

组分	结构	停留时间	体系	反应时间/h				
				0 h	2 h	5 h	10 h	30 h
2－氯酚	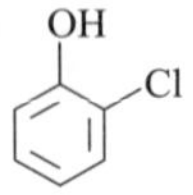	4.387	AGS		√	√	√	√
			AGS/NZVI@ SiO_2		√	√	√	√
4－氯酚		3.781	AGS			√	√	√
			AGS/NZVI@ SiO2			√	√	
苯酚	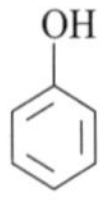	1.869	AGS			√	√	√
			AGS/NZVI@ SiO2		√	√	√	√

纳米零价铁颗粒表面形态、组成和活性位点分布是其性能及反应活性的决定因素。如图 6 所示，NZVI@ SiO_2 和 NZVI 在厌氧微生物前提下直接还原脱氯和腐蚀产氢提供电子过程中都表现出明显的差异。NZVI 降解 2,4－DCP 时，由于 NZVI 具有较大的表面积可以迅速地捕获液相体系中的 2,4－DCP，吸附到 NZVI 表面的 2,4－DCP 被 NZVI 释放出的电子及[H]原子还原脱氯，产生副产物 Cl^-，Fe^{2+}，Fe^{3+}，2－CP，4－CP 和苯酚等。吸附在 NZVI 表面的 Fe^{2+} 和 Fe^{3+} 同液相体系中的 O_2 结合，被氧化成 Fe_2O_3 和 Fe_3O_4，氧化物沉积到 NZVI 表面并逐渐将 NZVI 包覆上，抑制了 NZVI 进一步提供电子供体和[H]原子还原 2,4－DCP，进而终止了后续还原脱氯反应和提供电子。然而，对于改性后的 NZVI@ SiO_2，厌氧微生物的水环境下释放出的电子、Fe^{2+} 和 Fe^{3+}，首先被吸附在 SiO_2 包覆层的内层，而 2,4－DCP 和 O_2 则迁移到包覆层的外层，由于 O_2 是气体分子，体积较大，不容易透过 SiO_2 的介孔进入到内层的 NZVI 表面，而电子、Fe^{2+} 和 Fe^{3+} 相对于 O_2 的分子体积要小很多，容易从内层迁移到外层，与包覆层外层的 O_2 和 2,4－DCP 结合，发生氧化还原反应，Fe^{2+} 和 Fe^{3+} 与 O_2 发生的氧化反应产生的 Fe_2O_3 和 Fe_3O_4 的沉淀没有直接覆盖在 Fe^0 的表面，这样就延缓了 Fe^0 的钝化时间，从而提高了 NZVI@ SiO_2 的活性。SiO_2 包覆后能够实现包覆内层纳米铁表面电子、还原性氢离子产生区域和包覆外层还原脱氯反应区域的分离，抑制纳米铁颗粒钝化，提高反应活性。

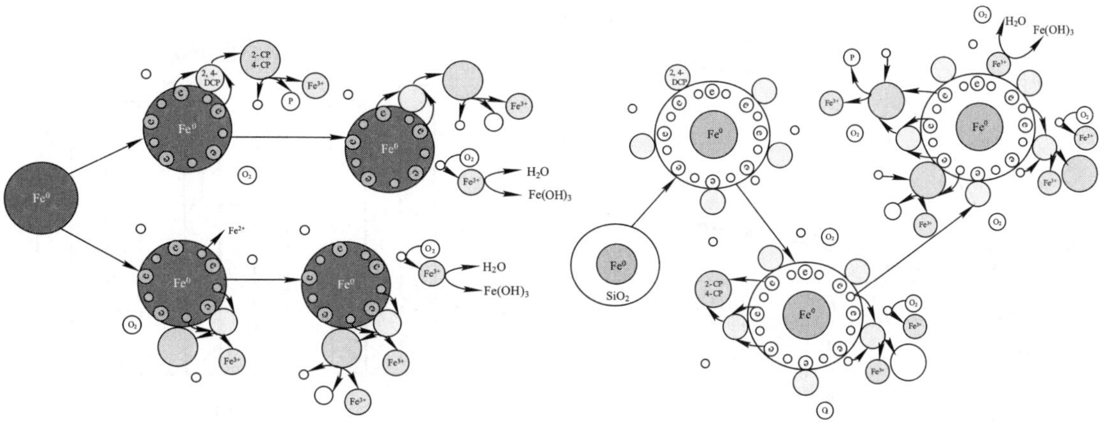

图 6　NZVI@ SiO_2 和 NZVI 降解 2,4 - DCP 机制对比图

（三）厌氧功能微生物活性与改性纳米铁的相应关系

已有研究表明,2,4 - DCP 对厌氧菌的产甲烷活性具有显著的抑制作用,从而影响厌氧体系的稳定和功能微生物结构,降低脱氯效率。NZVI@ SiO_2/厌氧颗粒污泥协同体系与独立厌氧颗粒污泥系统产甲烷活性见图 7(A)。实验结果表明,在 50 mg/L 的 2,4 - DCP 暴露下,厌氧颗粒污泥的产甲烷活性明显降低,最大比产甲烷速率抑制达到 56.6%;在 NZVI@ SiO_2/厌氧颗粒污泥协同体系中产甲烷功能菌群的活性基本保持不变,和空白的颗粒污泥相同。表明 NH_2 - SiO_2 @ NZVI 的加入不但有为厌氧微生物提供电子、矿物质和维持体系 pH 等提高脱氯效果的作用,NH_2 - SiO_2@ NZVI 颗粒自身对 2,4 - DCP 也有吸附、降解等作用,有效降低了 2,4 - DCP 在体系中的浓度及毒性,是提高协同体系脱氯效率的重要原因之一。

污泥的电子传递体系(ETS)活性,即脱氢酶活性。脱氢酶是生物细胞内催化有机物氧化(脱氢),并将其传递给最终电子受体的氧化还原酶,可以反映处理体系中活性微生物量及其对有机物的降解活性。图 7(B)显示的是不同实验体系厌氧污泥的电子传递体系活性的实验结果。由图可以看出,随着反应的进行,未降解 2,4 - DCP 的颗粒污泥的 ETS 远高于暴露在 2,4 - DCP 毒性下的颗粒污泥的 ETS,单独暴露的厌氧颗粒污泥体系 ETS 活性仅为有降解 2,4 - DCP 的颗粒污泥的 55%,而反应后 NZVI@ SiO_2/厌氧颗粒污泥协同体系电子传递体系活性基本保持稳定,120 h 后协同脱氯体系的 ETS 保持为降解 2,4 - DCP 颗粒污泥 ETS 的 86%。脱氢酶活性可以反映小分子类电子供体为微生物的利用效率,ETS 越高,脱氢酶含量越高,体系中还原脱氯能力越强,2,4 - DCP 的降解率越

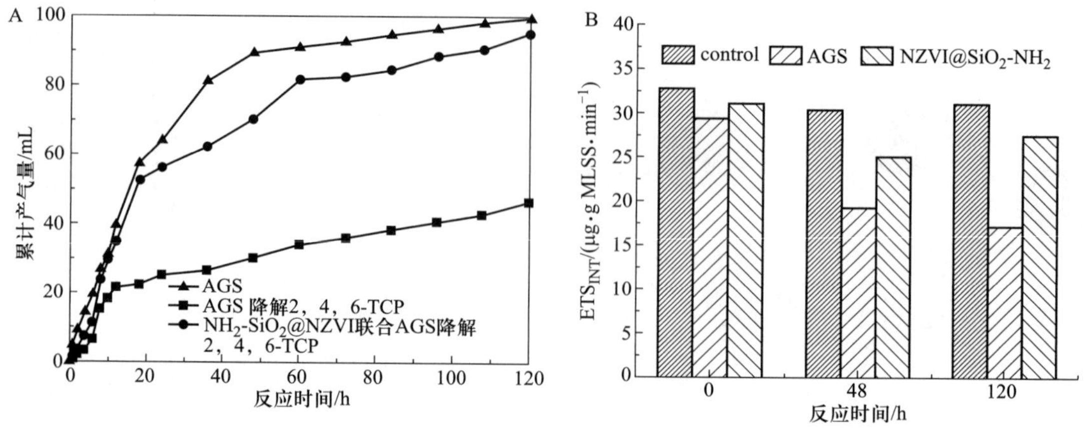

图 7　NZVI@ SiO_2/厌氧颗粒污泥协同体系与独立厌氧颗粒污泥系统产甲烷活性(A)和电子传递体系活性(B)对比

高。结果表明，NZVI@ SiO_2/厌氧颗粒污泥协同体系表现出其优势，从电子传递角度反映了纳米零价铁的加入对厌氧体系强化脱氯的关系。此外，如图 8 所示，NZVI@ SiO_2 进入厌氧体系后不会对颗粒污泥的自固定结构产生影响，从而破坏厌氧微生物的功能和脱氯效率。

图 8　反应前后 NZVI@ SiO_2/厌氧颗粒污泥协同体系中颗粒污泥表面形态变化

四、结论

纳米零价铁在制备和应用过程中的不稳定、钝化和团聚是造成纳米颗粒表面活性位点堵塞和还原脱氯效率下降的重要原因。研究发现了通过 SiO_2 包覆，能够使纳米颗粒包覆内层纳米铁表面电子、还原性氢离子产生区域和包覆外层还原脱氯反应区域的分离，增强纳米零价铁的抗氧化性和还原脱氯性能，对 2,4－DCP 的去除率提高约 40%。同时通过强化厌氧微生物脱氯，能够构建有效的矿化降解途径。结果表明，SiO_2 包覆型纳米零价铁对厌氧微生物降解 2,4 - DCP 有明显促进作用，能够在体系中直接还原脱氯，降低体系 2,4 - DCP 浓度，抑制氯代有机物对功能微生物菌群的毒性作用和中间产物累积，维持厌氧系统条件稳定，保持厌氧微生物产甲烷活性和电子传递体系活性。本研究将为实现造纸工业从源头上控制氯代有机物污染，实现高效无害化降解提供理论依据。

参考文献

[1] Siva KN, Woo H, Min K. Equilibrium and kinetic studies on biosorption of 2,4,6 - trichlorophenol from aqueous solutions by Acacia leucocephala bark[J]. Colloids and Surfaces B: Biointerfaces, 2012, 94:125 - 132.

[2] Lu S, Huang J, Peng Z, et al. Ball milling 2,4,6 - trichlorophenol with calcium oxide: Dechlorination experiment and mechanism considerations[J]. Chemical Engineering Journal, 2012, 195 - 196:62 - 68.

[3] Zhong W, Wang D, Xu X. Phenol removal efficiencies of sewage treatment processes and ecological risks associated with phenols in effluents [J]. Journal of Hazardous Materials, 2012, 217 - 218:286 - 292.

[4] Chen, KF, Yeh, TY, Kao, CM, et al. Application of nanoscale zero-valent iron (nZVI) to enhance microbial reductive dechlorination of TCE: A feasibility study[J]. Current Nanoscience, 2012, 8: 55 - 59.

[5] Zhu L, Lin HZ, Qi JQ, et al. Effect of H - 2 on reductive transformation of p-ClNB in a combined ZVI-anaerobic sludge system[J]. Water Research, 2012, 46(19): 6291 - 6299.

[6] Kim H, Hong HJ, Jung J, et al. Degradation of trichloroethylene(TCE) by nanoscale zero-valent iron(nZVI) immobilized in alginate bead[J]. Journal of Hazardous Materials, 2010,176:1038 - 1043.

[7] Crane RA, Scott TB. Nanoscale zero-valent iron: Future prospects for an emerging water treatment technology[J]. Journal of Hazardous Materials, 2012, 211 - 212(0): 112 - 125.

[8] Zhu, L, Lin H Z, Qi J Q, et al. Enhanced transformation and dechlorination of p-chloronitrobenzene in the combined ZVI-anaerobic sludge system[J]. Environmental Science and Pollution Research, 2013, 20(9): 6119 - 6127.

[9] Xu F, Deng S, Xu J, et al. Highly active and stable Ni-Fe bimetal prepared by ball milling for catalytic hydrodechlorination of 4 - chlorophenol[J]. Environmental Science and Technology, 2012, 46(8):4576 - 4582.

附录

主要参会人员名单

姓　名	职务/职称	单位
陈克复	中国工程院院士	华南理工大学
孙宝国	中国工程院院士	北京工商大学
石　碧	中国工程院院士	四川大学
朱蓓薇	中国工程院院士	大连工业大学
谢剑平	中国工程院院士	郑州烟草研究院
徐德龙	中国工程院院士	中国工程院
杨嘉伟	副院长秘书	中国工程院
王元晶	副巡视员	中国工程院二局
姬　学	副处长	中国工程院学术与出版办公室
张　健	副处长	中国工程院环境与轻纺学部
邓二虎	主任科员	中国工程院环境学部办公室
赵文成	副调研员	中国工程院科技合作办公室
田晓俊	秘书长	中国轻工业联合会科技发展研究分会
陈　坚	校长/教授	江南大学
吴清平	教授	广东微生物研究所
陈嘉川	校长/教授	齐鲁工业大学
吉兴香		齐鲁工业大学
赵谋明	教授	华南理工大学
李克成	教授	加拿大新布朗斯维克大学
孙润仓	院长/教授	北京林业大学
张　辉	教授	南京林业大学
邱学青	副校长/教授	华南理工大学化学与化工学院
马建中	副校长/教授	陕西科技大学
单　杨	副院长	湖南省农业科学院
金凤燮	教授	大连工业大学

续表

姓名	职务/职称	工作单位
姚献平	教授	杭州市化工研究院
徐宝财	院长/教授	北京工商大学
周雅文	副教授	北京工商大学
韩　富	教授	北京工商大学
辛秀兰	教授	北京工商大学
王成涛	教授	北京工商大学
李　宁	教师	北京工商大学
赵　莉	教师	北京工商大学
庄远红	教师	福建闽南师范大学
应瑞峰	教师	南京林业大学
窦　靖	研究生	南京林业大学
付复华	副所长	湖南省农产品加工研究所
黄绿红	助研	湖南省农产品加工研究所
赵玉清	主任/编审	化学工业出版社
董晋湘	教授	太原理工大学
周建华	教授	陕西科技大学
张文博	博士生	陕西科技大学
赵传山	副部长/教授	齐鲁工业大学
程云辉	院长/教授	长沙理工大学
林亲录	教授	中南林业科技大学稻谷及副产物深加工国家工程实验室
王　军	教授	郑州轻工业学院
侯庆喜	教授	天津科技大学
刘　苇	教师	天津科技大学
堵国成	教授	江南大学生物工程学院
陆　健	教授	江南大学生物工程学院
李江华	教授	江南大学生物工程学院

续表

姓名	职务/职称	工作单位
张　剑	教授	山西大学化学化工学院
欧阳新平	教授	华南理工大学化学与化工学院
李　远	副教授	华南理工大学化学与化工学院
黄锦浩	教师	华南理工大学化学与化工学院
熊文龙	学生	华南理工大学化学与化工学院
王　艳	教师	华南理工大学
杨仁党	教授	华南理工大学
杨　飞	教授	华南理工大学
冯郁成	教师	华南理工大学
莫立焕	教师	华南理工大学
刘德桃	教师	华南理工大学
曾劲松	教师	华南理工大学
林恋竹	教师	华南理工大学
吴　舜	研究生	华南理工大学
李秀丽	研究生	华南理工大学
李会景	研究生	华南理工大学
袁　龙	研究生	华南理工大学
黄相振	研究生	华南理工大学
于川芳	处长	郑州烟草研究院
刘绍锋	教师	郑州烟草研究院
李　斌	研究员	郑州烟草研究院
王洪波	教师	郑州烟草研究院
王宜鹏	工程师	郑州烟草研究院
任发政	教授	中国农业大学
孙广卫	教师	大连工业大学
张时彦	董事长	滕州瑞元香料有限公司
高欢泉	工程师	西安开米股份公司

续表

姓名	职务/职称	工作单位
强鹏涛	工程师	西安开米股份公司
张晓晨	教师	广西钦州海洋学院
钟秋平	教师	广西钦州海洋学院
陈美花	教师	广西钦州海洋学院
蓝蔚冰	教师	广西钦州海洋学院
薛　亮	教师	广东省微生物研究所
张菊梅	教师	广东省微生物研究所
李良秋	教师	广东省微生物研究所
蔡伟程	教师	广东省微生物研究所
古其会	教师	广东省微生物研究所
黄日波	副主席	广西壮族自治区人民政府
陈幸良	秘书长	广西壮族自治区人民政府
宋文学	巡视员	广西壮族自治区科技厅
赵艳林	校长/教授	广西大学
王双飞	院长/教授	广西大学
覃程荣	副院长/教授	广西大学
林　莹	教授	广西大学
李坚斌	教授	广西大学
段青山	讲师	广西大学
吴　敏	讲师	广西大学
李树波	讲师	广西大学
陆登俊	副教授	广西大学
江虹锐	副教授	广西大学
周文红	副教授	广西大学
张思原	教师	广西大学
刘继栋	讲师	广西大学
杨志伟	讲师	广西大学

续表

姓名	职务/职称	工作单位
黄　丽	副教授	广西大学
李　凯	高工	广西大学
邓立高	高工	广西大学
尹秀华	讲师	广西大学
周敬红	教授	广西大学
黎庆涛	副教授	广西大学
黄崇杏	副院长/教授	广西大学
曹　蕾	讲师	广西大学
梁　辰	讲师	广西大学
卫　威	讲师	广西大学
王利军	讲师	广西大学
王　磊	讲师	广西大学
骆莲新	副教授	广西大学
刘新亮	讲师	广西大学
刘　杨	讲师	广西大学

后　记

科学技术是第一生产力。纵观历史，人类文明的每一次进步都是由重大科学发现和技术革命所引领和支撑的。进入 21 世纪，科学技术日益成为经济社会发展的主要驱动力。我们国家的发展必须以科学发展为主题，以加快转变经济发展方式为主线。而实现科学发展、加快转变经济发展方式，最根本的是要依靠科技的力量，最关键的是要大幅提高自主创新能力。党的十八大报告特别强调，科技创新是提高社会生产力和综合国力的重要支撑，必须摆在国家发展全局的核心位置，提出了实施“创新驱动发展战略”。

面对未来发展之重任，中国工程院将进一步加强国家工程科技思想库的建设，充分发挥院士和优秀专家的集体智慧，以前瞻性、战略性、宏观性思维开展学术交流与研讨，为国家战略决策提供科学思想和系统方案，以科学咨询支持科学决策，以科学决策引领科学发展。

工程院历来重视对前沿热点问题的研究及其与工程实践应用的结合。自 2000 年元月，中国工程院创办了中国工程科技论坛，旨在搭建学术性交流平台，组织院士专家就工程科技领域的热点、难点、重点问题聚而论道。十年来，中国工程科技论坛以灵活多样的组织形式、和谐宽松的学术氛围，打造了一个百花齐放、百家争鸣的学术交流平台，在活跃学术思想、引领学科发展、服务科学决策等方面发挥着积极作用。

中国工程科技论坛已成为中国工程院乃至中国工程科技界的品牌学术活动。中国工程院学术与出版委员会将论坛有关报告汇编成书陆续出版，愿以此为实现美丽中国的永续发展贡献出自己的力量。

中国工程院